BEITRÄGE
ZUR NEUEREN
LITERATURGESCHICHTE
Band 385

MATHIAS MAYER

# Eigentlichst, nachbarlichst, der Deinigste

## Goethes absoluteste Freiheit des Superlativs

Universitätsverlag
WINTER
Heidelberg

Bibliografische Information der Deutschen Nationalbibliothek

Die Deutsche Nationalbibliothek verzeichnet diese Publikation in der Deutschen Nationalbibliografie; detaillierte bibliografische Daten sind im Internet über *http://dnb.d-nb.de* abrufbar.

Gedruckt mit Unterstützung der Universität Augsburg und des Masterstudiengangs Ethik der Textkulturen.

UMSCHLAGBILD

Klassik Stiftung Weimar, Goethe- und Schiller-Archiv, Goethe-Briefe.
Goethe an Charlotte von Stein: GSA 29/489,1. BI 65.
Goethe an Karl Friedrich Zelter: GSA 29/564,1,6. BI 21.

ISBN 978-3-8253-6897-5


Imprimé en Allemagne · Printed in Germany
Umschlaggestaltung: Klaus Brecht GmbH, Heidelberg
Druck: Memminger MedienCentrum, 87700 Memmingen

Gedruckt auf umweltfreundlichem, chlorfrei gebleichtem und alterungsbeständigem Papier

Den Verlag erreichen Sie im Internet unter:
www.winter-verlag.de

# Inhalt

## *Zur Zitierweise:*

Um die Lesbarkeit zu erhöhen und den Anmerkungsapparat zu entlasten, werden alle Goethe-Zitate direkt im Text nachgewiesen; da auch sehr entlegene Zeugnisse herangezogen werden, bot es sich an, auf die Ausgabe mit dem größten Umfang zurückzugreifen, die Weimarer Ausgabe (WA), trotz ihres Alters und ihrer bekannten Problematik in einzelnen Fällen.
Ausnahmsweise werden die Belege aus dem *Faust* und die Eckermann-Gespräche nach Bd. 7 und Bd. 12 der Frankfurter Ausgabe (FA) zitiert.

FA — Frankfurter Ausgabe. *Johann Wolfgang Goethe, Sämtliche Werke, Briefe, Tagebücher und Gespräche.* 40 Bde., hg. von F. Apel u.a., Frankfurt am Main 1985-2013.

GG — *Goethes Gespräche. Eine Sammlung zeitgenössischer Berichte aus seinem Umgang.* Auf Grund der Ausgabe des Nachlasses von Flodoard Freiherrn von Biedermann ergänzt und hg. von Wolfgang Herwig, München 1998.

MuR — Johann Wolfgang Goethe: *Maximen und Reflexionen.* Text der Ausgabe von 1907 mit den Erläuterungen und der Einleitung Max Heckers, Nachwort Isabella Kuhn, Frankfurt am Main 1976.

WA — Weimarer Ausgabe. *Goethes Werke.* 143 Bde., hg. im Auftrag der Großherzogin Sophie von Sachsen, Weimar 1887-1919.

# *Vorwort*

Der von fast allen verurteilte Superlativ – die Liste seiner Gegner ist erstaunlich – ist ein Lieblingskind der Goetheschen Sprache. Nicht nur in seiner Reichhaltigkeit ist er bislang unterschätzt worden, sondern auch in seiner Kreativität und Komplexität: Denn was eine nur stilistische Eigenheit scheinen könnte, erweist sich bei näherem Hinsehen als ein Schlüssel, der den Liebhaber, den Dichter, den Kritiker Goethe mit dem Naturforscher und dem Briefschreiber, aber auch mit dem Skeptiker gegenüber der ‚faustischen' Moderne verbindet. Der Superlativ wird zu einer Sprachfigur der Entgrenzung, der lebendigen Andeutung, fern von allem Triumphalismus, die aber die Einbildungskraft des Lesers herausfordert.

Das vorliegende Büchlein möchte Licht auf diese Zusammenhänge lenken, es ist aus Diskussionen und Vorträgen hervorgegangen, die in Augsburg, Freiburg und Berlin stattgefunden haben, für Beratung und Auskunft ist zu danken: Achim Aurnhammer, Freiburg i. Br., Christoph Michel, Freiburg i. Br., Julian Werlitz, Augsburg, Doren Wohlleben, Heidelberg, und meiner Familie. Herrn Thomas Bittl, Augsburg, danke ich für die sorgfältige Redaktion. Das Goethe-Schiller-Archiv, Weimar, hat dankenswerterweise die Handschrift zur Verfügung gestellt, die als Umschlagabbildung verwendet wurde.

# 1 Einleitung: Die absolute und die absoluteste Freiheit

Der 24. April 1787 fiel auf einen Dienstag, Goethe war an dem vielleicht südlichsten Punkt angelangt, den er in seinem Leben erreichen sollte. Die sehr viel später abgefasste *Italienische Reise* jedenfalls hält in wenigen Zeilen den Aufenthalt bei einer sizilianischen Familie fest, die im Begriff ist, „aus dem besten und schwersten Weizen [...] das trefflichste Nudelgericht“ zu fabrizieren, Nudeln, „von der feinsten, weißesten und kleinsten Sorte“, die zwar, wenn sie von „spitzen Mädchenfingern“ in Schneckenform gedreht werden, zu den „am theuersten“ bezahlten gehören und doch noch von einer anderen, der „allervollkommensten Sorte“, überboten werden (WA I.31, S. 160). Was hier skurril, ironisch oder ungewollt plakativ wirken mag, steht in Konkurrenz zu den sehr ernsthaften Gedichtüberschriften wie *Geheimstes* und *Höheres und Höchstes* im *West-östlichen Divan*, der in seinen *Noten und Abhandlungen* einen Abschnitt *Allgemeinstes* aufweist (WA I.6, S. 63, S. 264; WA I.7, S. 76).

„Herrlichstes“ und „Allerschönste Farbenspiele“ entstammen dem Gedicht *Entoptische Farben* (WA I.3, S. 101), aber allein in der *Paria*-Legende begegnen die Formulierungen „Ernstester Gerechtigkeit“, „köstlichstes Erquicken“, „Aus des höchsten Himmels Breiten“, „allerlieblichste Gestalt“, „das innre tiefste Leben“, „verkündet auch Geringstem“, „Ihm ist keiner der Geringste“ (WA I.3, S. 10-15). Ein Phänomen, eine Vorliebe, gar eine Schwäche nur des alten Goethe? Weit gefehlt! Besonders aufgespießt wurde Fausts Rechtfertigung für seine Bemühungen um Helena, wenn er Chiron in der *Klassischen Walpurgisnacht* sagt: „Und sollt *ich* nicht, sehnsüchtigster Gewalt, / Ins Leben ziehn die einzigste Gestalt?“ (V. 7438f.; FA I.7,1, S. 300). Selbst der moderne Duden legt kategorisch diese Grenze fest – und verurteilt damit implizit den Goetheschen Gebrauch. „»einzig« darf nicht gesteigert werden“.[1] Im Fall Goethes ist dieser Regelverstoß in der Tat erheblich,

[1] *Duden. Die deutsche Rechtschreibung*, Mannheim $^{24}$2006, S. 359.

und keineswegs nur auf das Alter beschränkt.[2] Schon in einem Brief an Auguste zu Stolberg schreibt Goethe 1775: „gute Nacht Engel. Einzigstes Einzigstes Mädgen – Und ich kenne ihrer Viele – – –" (WA IV.2, S. 293).[3] Auch andere ‚verbotene' Superlative finden sich, etwa „eigentlichst" (WA II.12, S. 9), oder besonders prominent in der *Elegie* von Marienbad, in der vom „letzesten" Kuss die Rede ist. Die Statistik zu bemühen ist dabei schwierig, – beispielhaft kann man davon ausgehen, dass in einem Text wie den *Wahlverwandtschaften* auf jeder Seite ein ungewöhnlicher, nicht-konventioneller Superlativ Verwendung findet.

Wenn Hegel in seiner *Phänomenologie des Geistes* von 1807 als die letzte Station des sich entfremdeten Geistes eine Auseinandersetzung mit der Französischen Revolution stellt, überschreibt er dieses Kapitel mit „Die absolute Freiheit und der Schrecken",[4] als Fortentwicklung einer „Wahrheit der Aufklärung". Den jakobinischen Totalitarismus und die terreure der Hinrichtungen bedenkt Hegel als letztlich blutige Auseinandersetzung zwischen dem einzelnen und dem allgemeinen Willen, die sich als absolute Freiheit auf den „Thron der Welt" setzt, „ohne daß irgend eine Macht ihr Widerstand zu leisten vermöchte".[5] In spekulativen Analysen und eindrücklichen Bildern arbeitet Hegel die gefährliche Austauschbarkeit von Verdächtigung und Schuld heraus,[6] die schnell genug zu einem brutalen Ergebnis führt:

> Das einzige Werk und Tat der allgemeinen Freiheit ist daher der *Tod*, und zwar ein *Tod*, der keinen innern Umfang und Erfüllung hat, denn was negiert wird, ist der unerfüllte Punkt des absolut freien Selbsts; er ist also der kälteste platteste Tod, ohne mehr Bedeutung als das Durchhauen eines Kohlhaupts oder ein Schluck Wassers.[7]

Bevor sich also aus dieser Niederung des sich selbst entfremdeten Geistes ein neues Stadium erhebt, als Übergang „aus ihrer sich selbst zerstörenden

[2] Entgegen Paul Fischers Belegen in: Ders.: *Goethe-Wortschatz*, Leipzig 1929, S. 184.

[3] Hinweis Julian Werlitz.

[4] Georg Wilhelm Friedrich Hegel: *Phänomenologie des Geistes*, hg. von J. Hoffmeister, Hamburg 1952, S. 414-422.

[5] Ebd., S. 415.

[6] Ebd., S. 417.

[7] Ebd., S. 418f.

Wirklichkeit […] in ein anderes Land des selbstbewußten Geistes",[8] ist der Ausdruck des Schreckens in der Negativität festgehalten, als „negatives Tun" in der „Furie des Verschwindens".[9] Dabei hat der für Hegels Systemdenken erhebliche Gedanke des Absoluten nicht nur eine Klammerfunktion, wenn er bereits in der „Vorrede" profiliert wird und schließlich im „Absoluten Wissen" mündet, – er hat auch eine teleologische, nicht überbietbare Funktion: „Es ist von dem Absoluten zu sagen, daß es wesentlich *Resultat*, daß es erst am *Ende* das ist, was es in Wahrheit ist".[10] Die „absolute Freiheit" und der „Schrecken" vertreten in dieser Entwicklungsgeschichte fraglos einen nicht mehr steigerungsfähigen Tiefpunkt.

Nun ist nicht davon auszugehen, dass Goethe sich näher mit der *Phänomenologie des Geistes* auseinandergesetzt oder gar das Kapitel ausgerechnet über den „Schrecken" der Französischen Revolution studiert hätte, der ihn selbst zeitlebens irritierte. Goethe stand dem Systemzwang des dialektischen Denkens, besonders wo er in die Naturphilosophie hineinreichte, denkbar skeptisch gegenüber.

Aber was in der von extremen dynamischen Spannungen geprägten Geschichtsphilosophie Hegels als Stadium einer nicht weiter zu entfaltenden Negativität formuliert worden war, als „absolute" Freiheit, in der das negative Tun sich als Tötungsfanatismus austobt, kann in einer ganz anderen Perspektive bei Goethe noch einmal gesteigert werden. Natürlich bezieht sich seine Formulierung der „absolutesten Freiheit" *nicht* auf Hegel, aber indem Goethe das Risiko eingeht, einen schon in seinem Positiv: ‚absolut' eigentlich bereits superlativischen Begriff noch einmal zu steigern, führt er einen sprachlichen Dynamisierungsprozess vor Augen, der ebenso auffällig wie extrem und vielfach problematisch ist. Wie ‚einzig' vertritt auch ‚absolut' bereits ein Extrem, das die Überbietung in der Steigerung eigentlich ausschließt.

Genau von dieser konventionellen Grenze der Sprache kann bei Goethe nun nicht die Rede sein, er legt einen geradezu inflationären Gebrauch des Superlativs an den Tag, der in der Fülle des Materials bereits die – noch nicht erfasste – Programmatik dieses Vorgangs

8 Ebd., S. 422.

9 Ebd., S. 418.

10 Ebd., S. 21.

transportiert. „Aber in den Wissenschaften“, so heißt es aus den Gesprächen, die der Astronom Makaries mit Montan im Dritten Teil der *Wanderjahre* führt, „ist die absoluteste Freiheit nöthig“ (WA I.25,1, S. 270). Hier wird natürlich keine quasi- oder antihegelianische Geschichtsphilosophie betrieben, sondern Goethe greift, wie an vielen tausend Stellen seines Werkes, auf einen denkbar ungewöhnlichen, oft genug ‚unmöglichen' oder gar reglementierten und später reklamierten Superlativ aus, über dessen Gebrauch – in Fülle und Intensität beispiellos – nachzudenken der Mühe wert scheinen könnte. Indem er noch das ‚Absolute‘ steigerungsfähig macht, überbietet er eine Zentralkategorie des idealistischen Denkens – denn es war nicht zu übersehen: „Das Absolute steht noch über dem Vernünftigen“ (Gespräch mit Kanzler von Müller, 20. Juni 1827, GG III/2, S. 144) – ja steigert er geradezu eine das Extrem bezeichnende Kategorie noch ins Undenkbare. „Vom Absoluten im theoretischen Sinne wag' ich nicht zu reden; behaupten aber darf ich: daß, wer es in der Erscheinung anerkannt und immer im Auge behalten hat, sehr großen Gewinn davon erfahren wird“ (WA I.42,2, S. 142; MuR 261).

Die dichterische Sprache ist der genuine Ort eines über das Logische und Philosophische hinausreichenden Anspruchs, und die Goetheschen Texte bezeugen diesen Anspruch immer wieder im Sinne einer „absolutesten Freiheit“, die das normale Maß der Sprache sprengt. Der Superlativ eignet sich besonders als eine bewegliche Größe, in der ein Höchstanspruch, ohne sich statisch zu verfestigen, mit lebendiger, weiterführender Dynamik aufgeladen wird. Die Labilität des Extremen in Zweifel zu ziehen, ist nicht nur mephistophelische Schadenfreude – „Vernunft wird Unsinn, Wohltat Plage“ (*Faust I*, V. 1976, FA I.7,1, S. 85), sondern bereits Erbschaft alter Rechtsgelehrsamkeit, wenn Cicero die Sentenz „summum ius summa iniuria“ überliefert, dass höchstes Recht und höchste Ungerechtigkeit ununterscheidbar sind.[11]

Goethe selbst hat über solche Prozesse nachgedacht und sich einmal in einem Brief an Sulpiz Boisserée (3. November 1826) „als ethisch-ästhetischer Mathematiker“ charakterisiert; er müsse „in [s]einen hohen Jahren immer auf die letzten Formeln hindringen, durch welche ganz

[11] Cicero: *de officiis / Vom pflichtgemäßen Handeln*, Lateinisch/Deutsch, übersetzt und hg. von Heinz Gunermann, Stuttgart 1978, S. 32.

allein nur die Welt noch faßlich und erträglich wird" (WA IV.41, S. 221). Das hier angesprochene ‚Allgemeine' verkörpert sich – nicht zuletzt – in jenen Steigerungsformeln, die etwas ebenso Summarisches wie Dynamisches an sich haben. Es wird dabei auch eine Rolle spielen, dass durchaus ein entscheidender Unterschied zwischen einem relativen und einem absoluten Superlativ besteht, – eine Begrifflichkeit, zu der später die Sprachwissenschaftler zu hören sein werden.

Um sich einen Eindruck zu verschaffen, in welcher Intensität, ja Leidenschaft Goethes Texte die Stil- und Sprachgrenzen des Superlativs ausgetestet und übersprungen haben, genügt in der Regel schon ein kleiner Ausschnitt. Man kann dazu das wunderbare Instrument des *Goethe-Wörterbuches* heranziehen, – weniger für die unbewältigbare Fülle eines trunkiert eingegebenen Superlativstammes ‚ste' als für die alphabetisch überschaubare Anzahl jener 192 Belege, die mit der schon superlativisch konnotierten Verbindung ‚aller' zusammen noch einmal einen Superlativ transportieren:

allbegabtest
allerabscheulichst
allerallerliebst
allerallgemeinst
alleraltest
allerandringlichst
allerangelegentlichst
allerangenehmst
alleranmutigst
allerärgst
allerartigst
allerauffallendst
alleräußerlichst
alleräußerst
allerbänglichst
allerbedenklichst
allerbedeutendst
allerbedingtest
allerbeliebtest
allerbequemst
allerbescheidenst
allerbesonderst
allerbest
allerbeständigst
allerbeweglichst
allerbrillantest
allerchristlichst
allerderbst
allerdeutlichst
allerdevotest
allerdienstlichst
allerdringlichst
allerdunkelst
allerdurchlauchtigst
allereiligst
allereinfachst
allereinsamst
allereinzelnst
allerelendst
allerengst
allererntferntest
allerfreundlichst
allerernstlichst
allererst
allerfalschest
allerfatalst
allerfeierlichst
allerfeinkörnigst
allerfeinst
allerfernst
allerfleißigst
allerflüchtigst
allerfremdest
allerfreundlichst
allerfrischest
allerfrühst
allerfürnehmst
allertrefflichst
allergebildetst
allergefälligst
allergeheimst
allergelegenst
allergelindest
allergelungenst
allergemäßest
allergeratenst
allergerechtest
allergeringst
allergeschmacklosest
allergewissest
allergiergist
allerglücklichst
allergnädigst
allergottlosest
allergröbst
allergrößt

allergünstigst
allerhäßlichst
allerheiligst
allerheiterst
allerheilst
allerherrlichst
allerhinderlichst
allerhöchst
allerhöflichst
allerinnerst
allerinständigst
allerklarst
allerkleinst
allerkleinstädtischstes
allerklügst
allerkomischst
allerkongruierndst
allerkostbarst
allerkürzest
allerlautest
allerlebhaftest
allerleichtest
allerletzt
allerliebenswürdigst
allerlieblichst
allerliebst
allerallallerliebst
allerallerliebstgesellig
allerlöblichst
allerlustigst
allermagerst
allermannigfaltigst
allermeist
allermerklichst
allermerkwürdigst
allermildest
allermindest
allermodernst
allermöglichst
allernächst
allernatürlichst
allerneust
allernotdürftigst
allernötigst
allernotwendigst
alleroberst
allerrealst
allerreichst
allerreifst
allerreinst
allerruhigst
allerschärfst
allerschlechtest
allerschlimmst
allerschnellst
allerschönst
allerschönstens
allerschrecklichst
allerschwerst
allerschwierigst
allerseitenst
allerseltsamst
allersicherst
allersonderbarst
allersorgfältigst
allerspätsts
allerstärkst
allerstarrst
allerstillst
allerstrengst
allersubtilst
allersüßest
allertauglichst
allerteuerst
allertiefst
allertraurigst

allertrefflichst
allertreulichst
allertreust
allertrifftigst
allertröstlichst
allertüchtigst
allerübelst
allerunbedeutendst
allerunerträglichst
allerungünstigst
allerunleidlichst
alleruntertänigst
allerunvernünftigst
allerunwillkommenst
allerverbindlichst
allerverdrießlichst
allervernünftigst
allerverpflichtetst
allerverschiedenst
allervielfachst

allervollkommenst
allervörderst
allervornehmst
allervorteilhaftest
allervortrefflichst
allervorzüglichst
allerweitest
allerwenigst
allerwertest
allerwichtigst
allerwiderspenstigst
allerwiderwärtigst
allerwunderbarst
allerwunderlichst
allerwundersamst
allerwünschenswertest
allerzartest
allerzierlichst
allerzudringlichst
allerzufälligst

# 2 Bestandsaufnahme: Das linguistische Fundament

Gegenüber der ‚Normalform' eines Adjektivs, ‚gut', die in der linguistischen Beschreibung als ‚Positiv' gefasst wird, unterscheidet man zwei Stufen der Steigerung, die beide auf einen Vergleich hin angelegt sind. Dieses Vergleichsmoment kommt im Terminus ‚Komparativ' bereits zum Ausdruck (‚besser'), während die zweite Steigerungsmöglichkeit, eben der ‚Superlativ', den „höchsten Grad unter den verglichenen oder vergleichbaren Werten" kennzeichnet, „wobei ein Vergleich von mehr als zwei Werten zugrunde liegt".[1] Gab es für Goethe eine zeitgenössische Möglichkeit, sich über diese Ordnung der Sprache zu informieren? Im 6. Buch der Autobiographie ist despektierlich von dem „Gewässer" die Rede, mit dem die Autorität der deutschen Sprache und Gelehrsamkeit, Johann Christoph Gottsched, „die deutsche Welt mit einer wahren Sündfluth überschwemmt" (WA I.27, S. 63f.). Im 7. Buch – Goethe ist hier auf dem Weg nach Leipzig – bekommt er Gottscheds *Critische Dichtkunst* in die Hand gedrückt, „brauchbar und belehrend genug" (WA I.27, S. 77). Als Goethe dann dem in jeder Hinsicht großen Mann persönlich begegnete, aber zu früh ins Zimmer trat, so dass das „ungeheure Haupt […] kahl und ohne Bedeckung" zu sehen war (der Diener reichte die Perücke zu spät) (WA I.27, S. 86), lag ein weiteres großes Werk gerade erst vor. 1762 hatte Gottsched auf über 700 Seiten in 5. Auflage eine *Vollständigere und Neuerläuterte Deutsche Sprachkunst* herausgebracht, *Nach den Mustern der besten Schriftsteller des vorigen und itzigen Jahrhunderts abgefasst.*[2] Des IV. Hauptstücks zweiter Abschnitt handelt „Von den Vergleichungsstaffeln (gradibus comparationis) der Beywörter", mit folgendem Ausgangspunkt:

[1] Walter Fläming: *Grammatik des Deutschen. Einführung in Struktur- und Werkzusammenhänge*, Berlin 1991, S. 500.

[2] Johann Christoph Gottsched: *Vollständigere und Neuerläuterte Deutsche Sprachkunst. Nach den Mustern der besten Schriftsteller des vorigen und itzigen Jahrhunderts abgefasst*, Nachdruck Hildesheim, New York 1970.

> Wir zählen also bey unsern Beywörtern, wie in andern Sprachen, drey Vergleichungsstaffeln: die erste Staffel (Positivus Gradus) ist, wenn man der Sache eine Eigenschaft schlechtweg beyleget: als Hektor ist tapfer. Die zweyte Staffel (Comparativus) ist, wenn man etwas, in Vergleichung des vorigen, eine Stufe höher setzet; als Achilles ist tapferer. Die dritte Staffel (Superlativus) endlich ist, wenn man einem Dinge den höchsten Gipfel einer Eigenschaft beyleget: Alexander ist der tapferste.[3]

Gottsched hebt den Vorzug der deutschen Sprache gegenüber dem Französischen, Italienischen und Englischen hervor, für die Vergleichsstaffeln keiner zusätzlichen Wörter zu bedürfen, wie es etwa für „plus belle", „la plus belle" erforderlich sei.[4] Für den „letztesten" Kuss in der Marienbader *Elegie* hätte Gottsched kein Verständnis gehabt, denn wie andere Linienrichter der Sprache hat auch er erklärt: „Das Wort ‚das letzte', ist zur dritten Staffel zu zählen, der aber im Deutschen die erstern beyden mangeln".[5]

Harald Weinrich, dessen *Textgrammatik der deutschen Sprache* ich im Folgenden zugrunde lege, beschreibt den Superlativ als „Anweisung zur Steigerung jeder beliebigen Intensitätserwartung"[6] und legt diese Differenzierungsmöglichkeiten vor, die hier schon mit entsprechenden Goethe-Belegen verdeutlicht werden sollen:

a) flektierte Adjektive: „der herrlichste Schlaftrunk" (WA I.33, S. 122)
b) nichtflektierte Adjektive: „am liebsten", „auf's lieblichste" (WA I.3, S. 23)
c) Superlative von Partizipien: „hier ward einem vorzüglichen Manne das gefühlteste und einsichtigste Lob erteilt" (WA I.24, S. 366).

[3] Ebd., S. 257.

[4] Ebd., S. 258.

[5] Ebd., S. 261.

[6] Harald Weinrich: *Textgrammatik der deutschen Sprache*, Hildesheim $^{4}$2007, S. 501.

d) Nominalisierung von Adjektiven der Superlativstufe: „Indem ich aber vom Höchsten und Letzten spreche“ (WA I.24, S. 49f.), wobei Goethe auch auf den Artikel verzichtet, z. B. in *Geheimstes* als Gedichttitel, oder „Ältestes bewahrt mit Treue“ (WA I.3, S. 71).

Inwiefern Goethe die Fülle seiner Superlative noch einmal zu bekräftigen bemüht ist, haben die Bildungen mit dem vorangestellten Morphem ‚aller-‘ schon gezeigt.

Aber eine weitere Unterscheidung ist hilfreich: Wenn Komparativ und Superlativ als Vergleichsgrößen sich auf andere Werte beziehen, bringen sie eine Relation, ein Verhältnis zum Ausdruck. Der ‚relative Superlativ‘ steht also immer in Verbindung mit ihm unterlegenen Werten der Steigerung, – wenn in der *Novelle* von den „schönsten Stunden des Tages“ die Rede ist, oder es heißt: „die Sonne, beinahe auf ihrer höchsten Stelle, verlieh die klarste Beleuchtung“ (WA I.18, S. 321, S. 328). Aber es gibt ein zweites Prinzip der Adjektivsteigerung, das von diesem Moment des Relativen, der vergleichenden Verhältnismäßigkeit absieht und daher als eine davon losgelöste, eine ‚absolute Steigerung‘ bezeichnet werden kann. Harald Weinrich spricht vom Bezug auf eine „Gewohnheitsnorm“,[7] die „mit steigernder oder mindernder Bedeutung umspielt“ werde und somit eine Abweichung von der erwarteten Regel zum Ausdruck bringt: eine längere Reise, eine größere Geldsumme, an kühleren Tagen. Ein solcher absoluter Gebrauch der Steigerung ist – oftmals bei gesellschaftlichen Gewohnheiten – auch in der Nominalisierung von Adjektiven möglich, Weinrich nennt die „Besserverdienenden“ und die „Schlechtergestellten“. Aber ein absoluter Superlativ ist ebenfalls möglich – und wird nach dem Vorbild der alten Sprachen als ‚Elativ‘ bezeichnet.

> Der Elativ liegt vor, wenn kein Vergleich beabsichtigt ist, sondern nur der hohe Grad einer Eigenschaft ausgedrückt werden soll. Er kann wiedergegeben werden durch ein Adverb (sehr, so, überaus, außerordentlich, ganz) und den Positiv oder durch bildhaften Ausdruck: frigidissimus – eiskalt, pulcherrimus – bildschön, divitissimus – steinreich, stultissimus – stockdumm.[8]

[7] Ebd., S. 503.

[8] Hermann Throm: *Lateinische Grammatik*, Düsseldorf 1978, S. 36.

Goethe entfaltet großen Reichtum in der Erschaffung elativer Wendungen, wenn der Fürst in der *Novelle* sich „eiligst“ entfernt (WA I.18, S. 344), wenn es im Gedicht heißt „Als Allerschönste bist du anerkannt“ (WA I.4, S. 114) oder vom „Götter-Werth der Töne wie der Thränen“ im Gedicht *Aussöhnung* die Rede ist (WA I.3, S. 27). Das Adverb nutzt er gerne elativisch in Wendungen wie „auf's innigste verbunden“ (WA II.7, S. 67), „auf's mannichfaltigste und zugleich gesetzlichste“ (WA II.11, S. 106), „denk ich an's Freudigste“ (WA I.18, S. 334), der Löwe lässt sich „auf's kräftigste hören“ (WA I.18, S. 325). In der Marienbader *Elegie* heißt es: „Wenn Liebe je den Liebenden begeistet,/ Ward es an mir auf's lieblichste geleistet“ (WA I.3, S. 23).

Ein anderes Verbot der Gottschedschen *Sprachkunst* übertritt Goethe mit Freude. Die von ihm verkündete Regel:

> Mit der dritten Vergleichungsstaffel ist es etwas anders. Denn fürs erste leidet sie den unbestimmten Artikel nicht: welches die Natur der Gedanken so mit sich bringt. Man kann nämlich nicht sagen: ein gelehrtester Mann: sondern weil das höchste in jeder Art nur ein einziges bestimmtes Ding seyn muß: so muß man allemal sagen, der gelehrteste Mann.[9]

erlaubt keinen Spielraum für die Ausnahme, die Plutus in der Mummenschanz des *Faust II* reklamiert: „Nun wird sich gleich ein Gräulichstes eräugnen“ (V. 5917). Im *Maskenzug von 1818* findet sich die Wendung „Ein Schwierigstes“ (WA I.16, S. 294). Das Gebet der Vernunft wie auch des Sprachklangs ist für Gottsched unanfechtbar, – von der ‚absolutesten Freiheit‘ seines Erstsemesters hätte er sich wohl kaum träumen lassen, „schnörkelhaftest“ (V. 6929 in *Faust II*) würde zweifellos mit Strenge gemaßregelt, denn nicht alle Beiwörter könnten eine Vergrößerung annehmen, etwa weil „die Begriffe keine Erhöhung leiden“, z. B. „ledern, hölzern, papieren“, „der hölzernste“ wäre nicht akzeptabel.[10]

Dass der Ausdruck der Steigerung „leicht Emotionen auf sich zieht“,[11] dass er „Werturteile“ abgibt und als „Willensantrieb“ wirken kann, führt aus der rein linguistischen Bestandsaufnahme in den Bereich der Stilistik

[9] Gottsched: *Deutsche Sprachkunst*, a.a.O., S. 262.

[10] Ebd., S. 266.

[11] Weinrich: *Textgrammatik*, a.a.O., S. 502.

und der Rhetorik, eines strategischen Schreibens und Sprechens.[12] Wilhelm Schneider spricht dem Elativ etwas „Plauderhaft-Unverbindliches“ zu,[13] erkennt aber in Goethes Wendung vom „letztesten“ eine Intensivierung, die eben nicht mehr als Sprachscherz beschrieben werden kann. Gleichwohl grenzt die Stilistik an die Kritik und Verdammung eines sich leicht abnutzenden „Superlativstils“, der schnell unwirksam werde.[14] Insofern ist der Weg von der Bestandsaufnahme zur Wertung und Warnung sehr kurz, und wenn selbst von Seiten der Sprachwissenschaft Zäune um einen übertriebenen Superlativ-Gebrauch errichtet werden, dann ist die Frage nur umso dringlicher – wie konnte gerade Goethe sich auf dieses so übel beleumundete Wasser begeben?

12 Wilhelm Schneider: *Stilistische deutsche Grammatik*, Freiburg i.Br. 1959, S. 70.

13 Ebd., S. 74.

14 Ebd., S. 81.

# 3 *Teufelsaustreibung: Der Kampf gegen den Superlativ*

Es ist nicht überraschend, in Goethe einen Gegner des Übertriebenen zu finden – es ist schon in einem Dialog der *Theatralischen Sendung* Kennzeichen eines Schriftstellers „mit einer kleinen engen Seele", dass er „das Große immer am unrechten Orte suchen" wird, „er wird gleich übertreiben und albern werden" (WA I.51, S. 114). Das Übertriebene ist ihm Kennzeichen ungebildeter Menschen (WA II.3, S. 128), später gilt es als Merkmal der Romantiker (GG II, S. 328). Nur aus didaktischen Zwecken, wenn es darum geht, dass sich ein Schauspieler den Dialekt durch übertriebenes Sprachtraining abgewöhne (WA I.40, S. 140) oder auch einmal in der Sicht einer literarischen Figur, so der Madame Seyton in *Die guten Weiber*, wird die Übertreibung zugelassen: „Eine wahre Geschichte ist ohne Exaggeration selten erzählenswerth" (WA I.18, S. 285).

In der kleinen Studie über *Einfache Nachahmung der Natur, Manier, Stil*, die 1789 in Wielands *Teutschem Merkur* publiziert wurde, grenzt Goethe den Stil als „den höchsten Grad […], welchen die Kunst je erreicht hat und je erreichen kann" (WA I.47, S. 83), von der an den Anfang einer Ausbildung gestellten schlichten Nachahmung ab, die mit Treue und Fleiß sich am Vorbild der Natur orientiert. Die Manier wird ausdrücklich „in einem hohen und respectablen Sinne" verstanden (WA I.47, S. 83), sie ist mit der ängstlichen Nachbuchstabiererei nicht zufrieden und riskiert einen größeren Abstand, um den jeweils individuellen „Geist des Sprechenden" zum Ausdruck kommen zu lassen. Die dadurch unvermeidbare Subjektivität wird in der größeren Objektivität des Stils überwunden, der „auf den tiefsten Grundfesten der Erkenntniß, auf dem Wesen der Dinge" ruht. Zwar wird hier der Eigenwilligkeit der Manier nicht die Berechtigung entzogen, aber die Überlegenheit und ‚Klassizität' des Stils (dieser Begriff fällt hier jedoch nicht) bleibt doch der unangefochtene Maßstab. Insofern ist nicht zu übersehen, dass Goethes ästhetische Leitvorstellungen auf einen Modus der Angemessenheit und Ausgewogenheit hinauslaufen – er ist ein Kritiker des Exzessiven, des übertrieben Betonten. Sowohl die Abwehr des anmaßenden Dilettantismus, der nicht um die eigenen Grenzen weiß, wie auch des (Diderot'schen) Naturalismus steht im Zeichen einer Kritik der Exaltation, des Subjektiven, und die Programmschriften der Klassik propagieren stattdessen den „Kreis der Regelmäßigkeit, Vollkommenheit, Bedeutsamkeit und Vollendung" (WA I.47, S. 17). Aber Goethe wäre nicht Goethe, wenn er dabei stehen geblieben wäre.

Allenfalls im Umkreis seiner Beschäftigung mit der orientalischen Poesie und ihren „Ur-Elementen" steht Goethe in Verbindung mit einer geradezu antiklassischen Tendenz, denn „daß dem Orientalen bei allem alles einfällt, so daß er, über's Kreuz das Fernste zu verknüpfen gewohnt, durch die geringste Buchstaben- und Sylbenbiegung Widersprechendes aus einander herzuleiten kein Bedenken trägt" (WA I.7, S. 101f.), führt auch im *West-östlichen Divan* zu einer Poetik irdischer und himmlischer Trunkenheit: „Trunken müssen wir alle sein!" (WA I.6, S. 204), „Denn meine Meinung ist/ Nicht übertrieben:/ Wenn man nicht trinken kann/ Soll man nicht lieben" (WA I.6, S. 205). Aber der Gedanke an das ‚Übermaß' liegt nahe und wird, zeitgenössisch vermittelt, an einer Figur wie Jean Paul reflektiert: In ihm blickt ein „begabter Geist [...] nach eigentlichst (!) orientalischer Weise, munter und kühn in seiner Welt umher, erschafft die seltsamsten Bezüge, verknüpft das Unverträgliche, jedoch dergestalt, daß ein geheimer ethischer Faden sich mitschlinge" (WA I.7, S. 111f.).

Der Gefahr eines Superlativismus, so könnte man bilanzieren, müsste sich Goethe ‚eigentlichst' bewusst gewesen sein. Zumal, wie nun zu verfolgen ist, der übermäßige Gebrauch dieser Form nirgendwo auf Zuspruch gestoßen ist. Angesichts der Prominenz seiner Verächter und der Geschlossenheit ihrer Reihen, und dies über beträchtliche ideologische Gräben hinweg, kann es einen nur wundern, dass der Superlativ nicht längst mit Stumpf und Stiel aus der Sprache ausgeschlossen wurde. Es sind wohl vornehmlich drei Feldzüge, die immer wieder unternommen werden, um seine verhängnisvolle Wirkung zu bekriegen: Eine stilistische, eine politische und eine antiökonomische Polemik gegen den Superlativ lässt sich beschreiben.

Es ist erstaunlich, unter den Wortführern gegen den Superlativ den Goethe-affinen Stilisten Friedrich Nietzsche zu finden. In *Menschliches, Allzumenschliches* heißt es unter der Überschrift „Abzeichen des Rangs": „Alle Dichter und Schriftsteller, welche in den Superlativ verliebt sind, wollen mehr als sie können".[1] Ziemlich sicher dürfte Nietzsche dabei nicht an Goethe gedacht haben, – vielmehr fand er in größerer Nähe den Gegenstand und auch das Opfer seiner Kritik, nämlich in Richard Wagner, über den er schon 1878 formulierte: „Immer auf den *extremsten* Ausdruck – bei jedem *Wort*; aber das Superlativische schwächt ab".[2] Auf dieser Spur hat dann Friedrich Georg Jünger den Superlativ für leer, Emil Gött für überflüssig erklärt, denn „gut" sei „eigentlich Positiv und Superlativ in einem", bedürfe also nicht noch einer Steigerung.[3] Dieses Argument wird auch von der linguistischen Stilistik aufgegriffen, ebenfalls als eine Art Todesurteil über eine Gepflogenheit, die ausgerechnet – und eigentlich unübersehbar – bei Goethe eine Schlüsselrolle gespielt hat. Es ist mehr als kurios, dass Wilhelm Schneider in seiner schon zitierten *Grammatik* Barockdichter und Expressionisten, Schiller, Heine und Stefan Zweig für ihren superlativischen Stil züchtigt, der echt und unecht sein könne, sich in letzterem Fall aber „rasch abnutzt und unwirksam wird".[4]

Der politische Feldzug gegen den Superlativ hat etwas von Ideologiekritik – und ist darin der Auseinandersetzung mit dem ‚faustischen Menschen' verwandt. Freilich kann im Superlativ auch revolutionäres Potential formuliert werden, wenn das Unterteste zu oberst gekehrt wird, oder auch eine Botschaft radikalen Wandels: „viele, die die Ersten sind, werden die Letzten und die Letzten werden die Ersten sein (Mt 19,30).[5] Das Großsprecherische des Superlativs ist immer wieder als eine spezifisch deutsche Eigenschaft wahrgenommen worden, als eine Art sprachlicher Größenwahn mit keineswegs harmlosen Folgen. Schon Lichtenbergs spaßhafte Konfrontation „Die kleinsten Unteroffiziere sind die stolzesten",[6] deutet auf einen bedrohlichen Konnex von Macht und

1 Friedrich Nietzsche: *Werke, Kritische Studienausgabe*, 15 Bde., hg. von G. Colli und M. Montinari, München 1988, Bd. 2, S. 436.

2 Nietzsche: *Werke*, a.a.O., Bd. 8, S. 491.

3 Friedrich Georg Jünger: *Über das Komische*, Frankfurt am Main [3]1948, S. 35. – Emil Gött: *Gesammelte Werke*, 3 Bde., hg. von Roman Woerner, München [2]1917, Bd. 1, S. 113.

4 Schneider: *Stilistische deutsche Grammatik*, a.a.O., S. 81, mit weiteren superlativkritischen Dokumenten von Stefan George und Gerhard Nebel.

5 Hinweis Wendelin Mayer.

6 Georg Christoph Lichtenberg: *Schriften und Briefe*, hg. von Wolfgang Promies, Bd. 1: *Sudelbücher I*, München 1968, S. 193 (= C 186).

Sprache, von Gewalt und Wettkampf hin. Dass ein abstruser Nationalismus als sprachliche Eigenliebe ins Groteske leicht umschlagen kann, zeigt das satirische Kapital, das Friedrich Rückert in dem Gedicht *Grammatische Deutschheit* sich austoben lässt:

> Neulich deutschten auf deutsch
> vier deutsche Deutschlinge deutschend,
> Sich überdeutschend am Deutsch,
> welcher der deutscheste sei.
> Vier deutschnamig benannt: Deutsch,
> Deutscherig, Deutscherling, Deutschdich,
> selbst so hatten zu deutsch sie
> sich die Namen gedeutscht.
> Jetzt wettdeutschten sie,
> deutschend in grammatikalischer Deutschheit,
> deutscheren Komparativ,
> deutschesten Superlativ.
> „Ich bin deutscher als deutsch.“
> „Ich deutscherer“.
> „Deutschester bin ich!“
> „Ich bin der Deutschereste,
> oder der Deutschestere.“
> Drauf durch Komparativ
> und Superlativ fortdeutschend,
> deutschten sie auf bis zum –
> Deutschesteresteresten;
> bis sie vor komparativisch
> und superlativischer Deutschung
> den Positiv von Deutsch
> hatten vergessen zuletzt.[7]

Wer hätte gedacht, dass der Reichskanzler Otto von Bismarck eine politische Bestätigung der Stilkritik Nietzsches liefern würde, indem sein Bonmot überliefert ist „Jeder Superlativ reizt zum Widerspruch“. Darin liegt letztlich eine Kritik des superlativischen Totalitarismus, der gerade darauf aus ist, jede Form von Widerspruch zu unterdrücken, – was aus Victor Klemperers hellsichtiger Analyse der *Lingua Tertii Imperii* des

[7] Friedrich Rückert: *Grammatische Deutschheit*, in Ders.: *Gedichte*, hg. von Walter Schmitz, Stuttgart 1988, S. 100.

Nationalsozialismus bestätigt werden kann. Der Superlativ ist „die meistverwendete Sprachform der LTI", „das nächstliegende Wirkungsmittel des Redners und Agitators", angesiedelt in der Nähe zur Lüge, zur „Märchenhaftigkeit der Beutezahlen" und dem Glauben an die „absolute Verdummbarkeit der Masse".[8] Am Ende des Zweiten Weltkriegs wird Elias Canetti diesen Zusammenhang mit einem aphoristischen Nanotext bestätigen: „Von Superlativen geht eine zerstörende Gewalt aus", notiert er im Frühjahr 1945.[9] Damit ist aus politisch-aufklärerischer Sicht endgültig der Stab gebrochen über eine lange Tradition deutschen Größenwahns, der sich auch und immer wieder in der Sprache nieder‚geschlagen' hat.

Neben der Vornehmheit und Ironie der sprachlich-stilistischen Verwerfung des Superlativs kommt außer der politischen Diskreditierung ein Scherbengericht in Gang, das bis in die jüngste Gegenwart seine Fortsetzung findet. Der zwielichtige Autor der ‚Entartung', der in Pest als Maximilian Simon Südfeld geborene Schriftsteller, der sich dann Max Nordau nannte, hat bereits zu Kaisers Zeiten den Superlativismus als eine Marktstrategie gegeißelt. Im *Pester Lloyd* von 1911 hatte er geschrieben: „Die natürlichen Superlativisten" findet er in den „Irrsinnigen und [den] Marktschreier[n]", die dann zum Missbrauch führen, indem viele andere „ihr schrilles und groteskes Ausrufergeschäft nicht aus triebhaftem Drang, sondern kühl methodisch anwenden, weil ihnen die Manier eindrucksvoll, schön, wirksam und namentlich hochmodern scheint".[10] Bezeichnenderweise hat Nordau den Nietzsche des 4. *Zarathustra*-Teils für die Inflation des Superlativismus mitverantwortlich gemacht, die zu einer letztlich ökonomisch instrumentalisierten Vernebelung führt. Als einer der renommierten und frühen Vertreter einer Sprachphilosophie hat Fritz Mauthner (1849-1923) den Phantomcharakter des Superlativs attackiert. In seinem *Wörterbuch der Philosophie. Neue Beiträge zu einer Kritik der Sprache* reduziert er die Steigerung von Adjektiven auf eine „zufällige Analogiebildung unserer arischen Sprachen", – denn die eigentliche Steigerung sei an das Verb (in Gestalt des ‚Intensivum') bzw. „für unsere Sinne und für unseren Verstand an das Substantivum

8 Victor Klemperer: *Der Fluch des Superlativs*, in: Ders.: *LTI. Notizen eines Philologen*, Leipzig 1996, S. 273-284, hier S. 279, S. 277.

9 Elias Canetti: *Die Provinz des Menschen. Aufzeichnungen 1942-1972*, Frankfurt am Main 1976, S. 75.

10 Max Nordau: *Superlativismus*, in: *Pester Lloyd*, 25. 6. 1911, S. 1-3, hier S. 1.

geknüpft": Unter dem Eintrag „Optimismus (Pessimismus)", für Mauthner lächerlicherweise „von den superlativischen Adjektiven optimus und pessimus abgeleitet",[11] verhandelt er die Grundthese, dass es keine Steigerungen in der Natur, auch in keiner natürlichen Sprache geben könne, sondern nur „bei zahlenmäßigen Begriffen", d. h. dass Superlative „außerhalb der Mathematik unvorstellbar" sind.[12] Superlative gehören somit in den Bereich einer Metaphorizität der Sprache,[13] sie existieren in vielen Sprachen nicht, und sie verführen offenbar zur Ontologisierung von Annahmen, die als ‚wortabergläubisch' zu diskreditieren wären. Der ontologische Gottesbeweis des Anselm von Canterbury (11. Jahrhundert) erliegt einer Projektion der Grammatik, wenn geglaubt werden soll, das vollkommenste Wesen müsse auch existieren, weil es außerhalb einer Existenz nicht das vollkommenste wäre.[14] Hier wird die Rede vom ‚Höchsten' als eine höchste Gefahr entlarvt, der Superlativ somit auf den Boden der Ernüchterung heruntergeholt. Die heute verbreitete Praxis journalistischer Ratgeber, vor dieser Sprachfigur zu warnen, ist als eine pragmatische Verlängerung solcher Vorbehalte erkennbar. Gar eine Allianz von Superlativismen und Dummheit registriert die Kulturwissenschaftlerin Hannelore Schlaffer als *Das Glück der größten Zahl*: „Der Superlativ gibt dem Zählen eine geradezu religiöse Erhabenheit. Er tendiert zum Unendlichen, zu dem, was dem menschlichen Geist nicht mehr faßbar ist".[15] Der Superlativ wirkt emotional und irrational, schließlich anti-demokratisch und elitär – eine Gefahr, vor der inzwischen auch Handbücher journalistischen Schreibens junge Berufseinsteiger ausdrücklich warnen. Heißt das, dass Autoren heute vor dem Superlativ-Dichter Goethe ebenfalls gewarnt werden müssten?

[11] Fritz Mauthner: *Wörterbuch der Philosophie. Neue Beiträge zu einer Kritik der Sprache*, 2. vermehrte Aufl., Bd. 2: *Gott bis Quietiv*, Leipzig 1924, S. 460-502, hier S. 460f.

[12] Ebd., S. 467, S. 469.

[13] Ebd., S. 499.

[14] Elisabeth Leinfellner-Rupertsberger: *Fritz Mauthner*, in: *Sprachphilosophie*, hg. von Hugo Steger und Herbert E. Wiegand, Berlin, New York 1992, S. 495-509, hier S. 503.

[15] Hannelore Schlaffer: *Das Glück der größten Zahl*, in: *Strategien der Verdummung. Infantilisierung in der Fun-Gesellschaft*, hg. von Jürgen Wertheimer und Peter V. Zima, München 2002, S. 139-149, hier S. 141.

# 4 *Nestbeschmutzung? Die Goethe-Forschung*

Dieser Abschnitt wird polemische Zuspitzungen nicht vermeiden können. Beginnen wir einmal nicht historisch, sondern mit einer Revue der Fragestellungen in der jüngsten Vergangenheit, graben wir also einmal das Kriegsbeil aus – und wundern wir uns: Das in seiner Bedeutung unangezweifelte und in seiner Fülle der Perspektiven unverzichtbare *Goethe-Handbuch*, das seit 1996 in mittlerweile 10 Teilbänden erschienen ist, gibt Antworten auf viele Fragen. In dem Begriffen und Themen gewidmeten zweiteiligen Doppelband 4 findet sich ein zwar durchaus respektabler Beitrag von Josef Mattausch zum Lemma „Sprache", aber sein Gegenstand ist allein Goethes Verständnis der Sprache, seine Sprachkritik, aber nicht sein Umgang oder der Gebrauch dieses ja doch eigentlich entscheidenden Mediums.[1] In Gero von Wilperts *Goethe-Lexikon* sucht man einen Eintrag ‚Sprache' vergeblich.[2]

Man könnte den Eindruck gewinnen, dass die angrenzenden Gebiete zuletzt größeres Interesse gefunden hätten, dass man Goethes Beschäftigung mit der bildenden Kunst, bis hin zur Auswertung seiner Sammlungen, mit der Musik in den Blick gerückt habe – was uns erhebliche Einblicke und neue Seiten seiner Tätigkeit zweifellos sichtbar gemacht hat. Wie sollten wir auch darauf verzichten wollen, über noch ganz andere Gegenstände belehrt zu werden – nehmen wir doch das Alphabet zu Hilfe –, über das Verhältnis zur Antike, zur Biologie, zum

1 Josef Mattausch: *Sprache*, in: *Goethe-Handbuch*, hg. von B. Witte u.a., Bd. 4/2, hg. von H. D. Dahnke und Regine Otto, Stuttgart, Weimar 1998, S. 1003-1005. – In seiner 1965 gedruckten Dissertation: *Untersuchungen zur Wortstellung in der Prosa des jungen Goethe*, Berlin 1965, geht Mattausch anhand von rund 6000 Belegstellen Phänomenen wie der Inversion nach und beobachtet in der Zeit nach 1771 den „Bruch mit der dogmatischen Regelhaftigkeit Gottscheds, die Abkehr von Gellerts gebildetem Konversierstil" (S. 203), „den engen Anschluß an die lebendige Sprache des Volkes" (S. 204).

2 Gero von Wilpert: *Goethe-Lexikon*, Stuttgart 1998.

Christentum, zu den Deutschen, oder zur englischen Literatur, zu dieser oder jener Frau, zum Geld, zur Kritik, zur Medizin, zur Natur, zu Orient und Okzident, zu Politik, Religion, Revolution, Romantik, zu Raum und Zeit und Langsamkeit, zur Übersetzung, zu Wissen, Wissenschaft und Wissenspoetik? All das sind Fragestellungen, deren Relevanz kaum jemand ernsthaft bestreiten wollte. Aber wenn wir uns darauf verständigen könnten, dass wir über Goethes Enkel, seine Finanzen und seine Krankheiten besser informiert worden sind als über seine Sprache, dann stimmt vielleicht doch etwas nicht. Mag es auch erfrischend sein, nach den Hochkonjunkturen von Werk- und Lebensbeschreibungen einmal das Fernrohr Wilhelm Meisters auf den Freimaurer oder den Juristen Goethe, oder meinetwegen auch auf sein Verhältnis zum Mond zu richten, – unverzichtbar müsste doch eine kritische Sichtung seines Umgangs mit der Sprache zumindest bleiben? Kann man davon ausgehen, dass dazu die wesentlichen Fragen beantwortet sind?

Das Interesse an Goethes Sprache hat sich, legt man etwa die Überlegungen von Wolfgang Frühwald zugrunde, auf Sprachpolitik und Diskurse verschoben: Er erkennt Goethes sprachliche Leistung vornehmlich darin, „die deutsche Literatur europäisch anschlußfähig, im Bereich der Naturwissenschaften sogar für mehr als ein Jahrhundert diskursleitend gemacht [zu] haben".[3] Wo es um die Vermessung der Goetheschen Sprachwelt in Hinsicht auf Naturwissenschaft, Antike, Religion (Pietismus) und Politik (deutsche Sprache gegenüber der ‚Gallikomanie') geht, wird man von einer Fokussierung der *Fach*sprachen Goethes sprechen können, damit aber auch eine Ausrichtung in Kauf nehmen müssen, die vom schlichten Sprachgebrauch ein ganzes Stück entfernt ist. „Goethes Sprache" erscheint bei Frühwald als „Humanitätsdiskurs", der den „Technikdiskurs" dominiert habe.[4] Ob aber damit der (oder ein) Kernbereich dessen, was man mit ‚Goethe' bezeichnet, ausreichend im Blick ist? Müsste nicht, wenn sich auch die Paradigmen und Horizonte der wissenschaftlichen Analyse weiterbewegen, einmal wieder geprüft werden, ob die als vielleicht bekannt angenommenen Beobachtungen zu seiner Sprache diesen neuen

3 Wolfgang Frühwald: *Das Talent, Deutsch zu schreiben. Über die Sprache Goethes*, in: Ders.: *Das Talent, Deutsch zu schreiben. Goethe – Schiller – Thomas Mann*, Köln 2005, S. 43-94, hier S. 67.

4 Ebd., S. 56f.

Perspektiven noch entsprechen? Eine positivistische Stilbeschreibung kann gerade einem kulturwissenschaftlich geprägten Blick selbstverständlich nicht mehr genügen, – aber bliebe dieser Blick nicht ein Stück weit trübe, wenn er nicht versuchen würde, die Sprache selbst sich noch einmal vorzunehmen? Zumindest in denjenigen Feldern, die so skurril wie auffallend, so merkwürdig wie bedeutend sind? Wer unterschreibt sich schon als „Der Deinigste"? (WA IV.6, S. 5; IV.39, S. 104).

Andererseits hat man das ‚Goethe corpus' mit seinen etwa 90.000 Wörtern als herausragenden Bestandteil der Sprachentwicklung kartiert, so etwa in der höchst materialreichen Arbeit von Stefanie Stricker aus dem Jahr 2000. Sie konzentriert sich, über 700 Seiten, auf die Wortbildung, genauer auf die „Substantivbildung durch Suffixableitung"; dabei kommen insgesamt 31 Suffixe in den Blick, wobei etwa die Liste der er-Derivate über 1000 Bildungen umfasst, von „Abdeck*er*" bis „Zwölfer",[5] während das Suffix –chen 85 diminuierte Personenbezeichnungen ergibt (darunter „Menschchen" und „Subjektchen") oder –lein zu 31 Derivaten führt (wie „Hausärztlein" oder „Menschlein").[6] Zwei Befunde aus dieser so außerordentlich gewissenhaften wie übersichtlichen Studie sollen als beispielhaft herausgestellt werden: Zum einen wird festgestellt, dass Arbeiten zur Sprache Goethes „ganz überwiegend aus dem ersten Drittel des 20. Jahrhunderts" stammen,[7] zum anderen setzt sich Strickers Arbeit dadurch von jenen ab, dass es ihr weniger darum geht, „Spezifika der Goethesprache aufzudecken [...] als um das Normalsprachliche der Zeit", d. h. die „Originalität des Autors" interessiert vor allem im Hinblick auf „das System der Zeit".[8] Entsprechend fällt Strickers Befund am Ende aus, – „Goethes Wortbildungen nutzen das Wortbildungssystem der Zeit umfassend, sie verlassen das System aber nie und überschreiten die Norm (im Sinne des Normalsprachlichen) nur selten".[9] Angesichts des normverletzenden Superlativgebrauchs bei Goethe und der sich daraus ergebenden Frage,

[5] Stefanie Stricker: *Substantivbildung durch Suffixableitung um 1800. Untersucht an Personenbezeichnungen in der Sprache Goethes*, Heidelberg 2000, S. 79-89.

[6] Ebd., S. 230f., S. 379.

[7] Ebd., S. 11.

[8] Ebd., S. 12f.

[9] Ebd., S. 647.

inwiefern gerade die Abweichung mehr als die Einhaltung der Norm Aufschluss geben kann über die Literarizität und weitere Potentiale seiner Sprache, ist das beeindruckend materialreiche Ergebnis Strickers für eine theoriegeleitete Literaturwissenschaft nur bedingt anschlussfähig:

> Zusammenfassend läßt sich das Besondere an Goethes Sprache als Aneignung und Verwendung aller sprachlichen Mittel gleich welcher Herkunft und als produktive Ausschöpfung des Wortbildungspotentials durch Formung des existierenden Wortgutes charakterisieren. Dabei bewegt sich Goethe primär im Normalsprachlichen, insofern die durch bestehende Wortbildungen vorgegebenen usuellen semantischen und morphologischen Wortbildungsstrukturen ausgeschöpft, aber nicht verlassen werden.[10]

Eben darum, weil der Superlativ eine Form ist, in der Goethe über das „System der Zeit“ hinausgeht, hätte er eine besondere Aufmerksamkeit verdient, denn auch klassische Setzungen aus der Sprachgeschichtsforschung sind nicht fraglos gültig: „Sehr rasch streifte er in Weimar alle Übertreibungen des Geniestils ab“, oder „auch der Prosastil des reifen Goethe zeugt von der klassischen Gemessenheit“, wie in Hans Eggers’ bekannter Darstellung zu lesen, aber nicht zu bestätigen ist.[11]

Eine Reihe wichtiger Instrumente stehen allerdings zur genauen Prüfung von Goethes Sprache zur Verfügung, allen voran das kaum genügend zu würdigende *Goethe-Wörterbuch*, Gemeinschaftsprojekt mehrerer Akademien und seit Jahrzehnten ein Rückhalt der Forschung. Dank seiner digitalen Nutzungsmöglichkeit ist die Effizienz der darin geleisteten Arbeit noch einmal gesteigert. Und doch gilt hier, was im Fall monographischer Wort(feld)-Studien zu sagen wäre: Diese höchst verdienstvollen Instrumente stellen Erkenntnisse über einzelne Worte und Begriffe sowie deren Felder zur Verfügung, – aber Antworten auf Fragen nach grammatikalischen oder rhetorischen Eigenheiten von Goethes Sprachgebrauch geben sie eben allenfalls im Einzelnen, nicht aber im Zusammenhang, d. h. der Eintrag „einzigst“ bietet wertvolle Auskunft zu diesem Wortgebrauch, aber für eine Auseinandersetzung mit dem Superlativ Goethes bleibt man auf weitere Recherchen angewiesen, die in

[10] Ebd., S. 649.

[11] Hans Eggers: *Deutsche Sprachgeschichte*, Bd. 2: *Das Frühneuhochdeutsche und das Neuhochdeutsche*, Hamburg 1986, S. 345f.

die Tiefen der Vergangenheit zu führen scheinen. Die Online-Version der 143bändigen Weimarer Ausgabe, ursprünglich erstellt zwischen 1887 und 1919, bietet die Möglichkeit eines allerdings sehr aufwändigen Verfahrens, Goethes Superlative komplett zu ermitteln. Nach freundlicher Auskunft des Goethe-Wörterbuches[12] wäre es mit einiger Arbeit möglich, lediglich die Superlative aus der riesigen Datenmenge herauszusuchen und das Morphem *ste* von anderen Formen in „Fürsten", „hassten", „Lasten" zu unterscheiden. Wenn die Weimarer Ausgabe rund 61000 Seiten umfasst, hielte ich es für realistisch, mit Superlativ-Treffern zwischen 50000 und 60000 zu rechnen. Diesem Befund habe ich mich nicht gestellt, eine komplette oder rein sprachwissenschaftliche Auswertung wird hier nicht angestrebt.

Wenn sich die derzeitige Forschung für die Frage von Goethes Sprachgebrauch nur wenig interessiert, dann steht eine Untersuchung über seinen Superlativ im erheblichen Verdacht des ‚Zopfigen' und Überflüssigen. Bewegt man sich damit nicht im Fahrwasser längst überholter, ausgebooteter, zu Recht untergegangener Philologie? In selbst schon historisch gewordenen Bibliographien der Goetheforschung finden wir rührend anmutende Spuren archaischer Goldgräbergesinnung, – eine Studie über „Goethes Relativsatz" von 1903, „Präfixstudien zu Goethe" von 1904, oder eine Dissertation über den „Gebrauch des Partizips bei Goethe".[13] Handelt es sich um Grabdenkmäler positivistischer Sammelwut, die sich im Lauf der Forschungsgeschichte gleichsam amortisiert haben? „Heil Ihnen über diese Frage!" (WA I.23, S. 126) oder „Aus Ottiliens Tagebuche" (WA I.20, S. 291) sind Belege von Nominalsätzen – im Unterschied zum Verbalsatz –, nach deren systematischer textueller Funktion eine Berliner Dissertation fragt. Alexander Enders' umfangreiche Studie über *Nominalsätze. Ihre Strukturen und Funktionen in den Romanen Goethes* versteht sich als

[12] Brief von Herrn PD Dr. Michael Niedermeier, Berlin, an den Verfasser, 3. 5. 2017.

[13] Simion C. Mandrescu: *Goethes Relativsatz*, Berlin 1903. – Wilhelm Kühlerwein: *Präfixstudien zu Goethe*, in: *Zeitschrift für deutsche Wortforschung* 6 (1904), Beiheft, S. 1-36. – Elisabeth Matthes: *Der Gebrauch des Partizips bei Goethe*, Diss. Gießen 1921. – 37 Seiten und 1 Tabelle! – Und doch würde man ein Buch wie Ewald A. Bouckes *Wort und und Bedeutung in Goethes Sprache*, Berlin 1901, auch heute nicht ohne Gewinn aus der Hand legen.

syntaktische Untersuchung einer sprachinternen Systematik, bei der landläufig als Ellipsen beschriebene Sätze oder auch Überschriften analysiert werden. Aus der Verteilung der kommunikativen Funktion von Aussage, Anrede und Ausruf[14] oder der These: „Als erzähltechnisches Mittel werden NoS insbesondere zur Deskription von Personen, zur Narration dynamischer Handlungsabläufe und Ereignisse sowie zur Wiedergabe von Gedanken der Romanfiguren genutzt"[15] ergeben sich „historiolinguistische" Einblicke in „die jüngere Vergangenheit des Deutschen", zwischen 1774 und 1821,[16] von denen aus eine Vermessung der spezifisch Goetheschen Leistung im Kontext seiner Zeit nur sehr schwer möglich ist.

Ich möchte im Hinblick auf das linguistisch zwar überschaubare, literarisch aber kaum abschätzbare Phänomen den Superlativ, der bei Goethe eben nicht nur grammatikalische Praxis ist, sondern als ästhetisches Konzept naturwissenschaftliche und ethische Folgen zeitigt, als Teil dieser uns vorsintflutlich erscheinenden Forschungslandschaft kurz skizzieren. Bewährte Goethe-Kenner früher Jahre wie Paul Knauth, Otto Pniower und Ernst Lewy haben sich akribisch mit den Adjektivsteigerungen Goethes befasst und sie dabei vorwiegend als Ausdruck seines Altersstils bzw. seiner Anlehnung an die Antike zu qualifizieren versucht.[17] Kritischer und weiterführend reagierten der Stilforscher Leo Spitzer und der Mediävist Friedrich Maurer.[18] Mit der Einordnung des Superlativs in die Entwicklungsgeschichte von Goethes Sprachstil, mit der Rückführung auf die Antike oder auch mit der linguistischen Detailverzettelung scheint somit auch der älteren

[14] Alexander Enders: *Nominalsätze. Ihre Strukturen und Funktionen in den Romanen Goethes*, Berlin 2010, S. 379.

[15] Ebd., S. 389.

[16] Ebd., S. 12.

[17] Paul Knauth: *Von Goethes Sprache und Stil im Alter*, Diss. Universität Leipzig 1894. – Ernst Lewy: *Zur Sprache des alten Goethe. Ein Versuch über die Sprache des Einzelnen*, wieder in: Ders.: *Kleine Schriften*, Berlin 1961, S. 91-105. – Otto Pniower: *Steigerungen von Adjektiven und Adverbien bei Goethe*, in: *Euphorion* 30 (1929), S. 189-199.

[18] Leo Spitzer: *Steigerungen von Adjektiven und Adverbien bei Goethe*, in: *Germanisch-romanische Monatsschrift* 18 (1930), S. 308f. – Friedrich Maurer: *Die Sprache Goethes im Rahmen seiner menschlichen und künstlerischen Entwicklung*, Erlangen 1932.

Forschung das Problem erledigt, – entgegen der Tatsache, dass schon der junge Goethe ein echter ‚Superlativist' war, und entgegen der Frage, ob die Antike den einzigen Rahmen für diese Sprachgewohnheit bietet. Selten genug dürfte es zu solchen erstaunlichen Erhellungen gekommen sein, wie sie der Thomas Mann-Forscher Thomas Sprecher in der Dissertation von Jürg Fiertz (1945) aufgetan hat.

> Wenn man einmal dazu kommt, über Goethes Altersstil im grösseren Zusammenhang zu schreiben, wird man darauf hinweisen müssen, wie der Gebrauch des Superlativs in dieser Sprache viel weniger im Sinn der Steigerung, im impulsiven Sinne, wirkt, als er Zeichen ist für eine von den Gegenständen losgelöste Welt: er hat etwas Schwebendes an sich … Die Superlative sind keine Superlative mehr.[19]

Hier ist die Beobachtung zur Stilistik auf einer bemerkenswerten Höhe der Umsicht und Vernetzung angekommen, ein Phänomen der Sprache wird in einem großen Zusammenhang gesehen.

Vielleicht bedarf es, um ans Ende und zugleich den Anfang der Nestbeschmutzung zu kommen, der Erinnerung an den höchst polemischen Kern aller Beobachtungen und Kämpfe um Goethes Superlativ, um sich der hier nistenden Energien und Potentiale bewusst zu werden? Erst wenn man sich in der Weise aufregt über Goethes Superlativ-Inflation, wie das der humorlose Hegelianer Friedrich Theodor Vischer getan hat, erahnt man etwas von der Polemik wie auch der Kreativität des Problems, das bei weitem nicht auf die schlichte Ebene des Sprachgebrauchs reduziert werden kann:

[19] Jürg Fiertz: *Goethes Portraitierungskunst in ‚Dichtung und Wahrheit'*, Diss. Frauenfeld 1945, S. 74.

> Wer einmal sich gewöhnt, dem deutschen Sprachgeist zuwider den Superlativ mit unbestimmtem oder ohne Artikel zu gebrauchen, der wird sich bald gewöhnen, ihn auch unnöthig, auch mit bestimmtem Artikel unnöthig zu gebrauchen; alle überflüssige Steigerung ist aber Unnatur, Versalzung, Überwürzung, Manier. ‚Und sollt' ich nicht sehnsüchtigster Gewalt ins Leben ziehn die einzigste Gestalt?‘ Hier ist Alles beisammen (von dem undeutschen Genitiv, den Löper auch belobt, abgesehen); der erste Superlativ ist undeutsch, weil ohne Artikel, überflüssig, da ‚sehnsüchtig‘ genügt; der zweite, ‚einzigst‘ kommt öfters vor, z.B. ‚durchgrüble nicht das einzigste Geschick‘: das Wort einzig enthält ja aber in sich schon den Begriff des Superlativ.[20]

Vischer bewegt sich damit ganz im Sinne der Superlativ-Kritiker und ihrer ‚Teufelsaustreibung‘, ja er wird gedeckt von den Vorgaben sowohl des Duden wie der journalistischen Ratgeberliteratur: „»einzig« darf nicht gesteigert werden“.[21] Vischers Anklage, Goethe leiste sich „ein Wagniß gegen die Logik in der grammatischen Bildung“, kann man als persönliche Attitüde, als harmlosen Fall stilistischer Unverträglichkeit auf die leichte Schulter nehmen, – man kann aber auch den Versuch wagen, gerade aus diesem immerhin auffälligen und eigenwilligen Befund der Goetheschen Sprache einen Blick auf seine Weltsicht zu rekonstruieren. Muss nicht gerade hier der Hebel angesetzt werden? Wenn Rose Unterberger 1985 über das *Goethe-Wörterbuch* berichtet, in Goethes Texten sei „die normale Sprachkompetenz eines Individuums weit überschritten“, aber gleichwohl „herrsche das Normalsprachliche“ vor, dann ist dieser Konsens im Fall des Superlativs zu kündigen.[22] Hier müsste man auch der durch zahlreiche Studien bewährten Autorität von Josef Mattausch widersprechen, dass Goethes Sprache „jenseits ihres eigentümlichen unbestritten schöpferischen Charakters – in einem hohen Maße repräsentativ für die Zeitsprache“ sei.[23] Denn der von Mattausch an

[20] Friedrich Vischer: *Göthe's Faust. Neue Beiträge zur Kritik des Gedichts.* Neudruck der Ausgabe 1875, Osnabrück 1969, S. 116.

[21] *Duden*, a.a.O., S. 359.

[22] Rose Unterberger: *Die Totalität des Individuellen. Über das Goethe-Wörterbuch*, in: *Jahrbuch für Internationale Germanistik* 17 (1985), S. 147-168, hier S. 151.

[23] Josef Mattausch: *Die Sprachwelt Goethes – Repräsentanz und Schöpfertum. Beobachtungen an einem Autorenwörterbuch*, in: *Beiträge zur Erforschung der deutschen Sprache* 2 (1982), S. 218-230, hier S. 220.

anderer Stelle bezeichnete Umgang mit den „überkommenen Sprachmitteln und –möglichkeiten“,[24] wird im Bereich der Steigerung, relativ und absolut, zu einem Experiment der „absolutesten Freiheit“ (WA I.25,1, S. 270).

Etwas diplomatischer hatte es Goethe selbst in einem Brief an seinen Korrektor Göttling am 18. Juni 1825 ausgedrückt: „Ev. Wohlgeboren halten sich überzeugt daß ich das Geschäft des Grammatikers in seinem ganzen Umfang zu schätzen weiß und daß ich mir gern erst von ihm die Erlaubniß erbitte, als Poet mich einiger Freyheiten bedienen zu dürfen“ (WA IV.39, S. 230).

[24] Josef Mattausch: *Freie Wortbildung(en) bei Goethe*, in: *Nominationsforschung im Deutschen. Festschrift Wolfgang Fleischer*, hg. von Irmhild Barz und Marianne Schröder, Frankfurt am Main 1997, S. 43-51, hier S. 43.

# 5 *Spiegelung: Goethes Bewusstsein und Begriff des Superlativs*

Auch wenn Goethe das Stichwort ‚Superlativ' nur sehr sparsam verwendet hat, es findet sich in seinen Texten der Weimarer Ausgabe nur drei Mal, so ist sein Gebrauch aufschlussreich. Die genaueste Auseinandersetzung ist in dem auf den 24. Mai 1828 datierten Text belegt, den der Schreiber des Kanzlers von Müller aufgezeichnet hat: *Erläuterungen zu dem aphoristischen Aufsatz ‚Die Natur'* (WA II.11, S. 10-12). Goethe hat sich an die Autorschaft des rhapsodischen, paradoxiereichen Fragments nicht erinnern können, das im *Tiefurter Journal* 1782/83 veröffentlicht worden war. Erhalten ist es in der Handschrift seines Schreibers Seidel, sogar mit eigenhändigen Korrekturen Goethes: Er erhielt es aus dem Nachlass der verstorbenen Herzoginmutter Anna Amalia, war sich aber nicht mehr der Tatsache bewusst, dass Georg Christoph Tobler (der Goethe 1781 besucht hatte) den Text verfasst hatte. Indes konnte sich der alte Goethe durchaus zum Inhalt bekennen: „Daß ich diese Betrachtungen verfaßt, kann ich mich factisch zwar nicht erinnern, allein sie stimmen mit den Vorstellungen wohl überein, zu denen sich mein Geist damals ausgebildet hatte" (WA II.11, S. 10). Toblers Text kann zu Recht als „aphoristisch" gelten, besteht er doch aus 29 Absätzen, von denen viele aus nur einem Satz bestehen, und die überdies durch eine anaphorische Verschränkung immer wieder neu ansetzen.

Das Paradoxon, als eine beliebte Form aphoristischen Denkens, spielt dabei eine entscheidende Rolle: „Sie [die Natur] ist ganz, und doch immer unvollendet" (WA II.11, S. 9), „Sie setzt alle Augenblicke zum längsten Lauf an, und ist alle Augenblicke am Ziele" (WA II.11, S. 8). Der Aufsatz entwirft das Bild einer in ihrer permanenten Veränderung beständigen Lebendigkeit, die niemals zur Ruhe kommt, in Wendungen, die etwas Zeittypisches haben – „Wir leben mitten in ihr, und sind ihr fremde. Sie spricht unaufhörlich mit uns, und verräth uns ihr Geheimniß nicht" (WA II.11, S. 7). Der Gebrauch des Superlativs ist eher sparsam („Auch das Unnatürlichste ist Natur, auch die plumpste Philisterei hat etwas von ihrem Genie“), und so kommt es in Goethes spätem Rückblick auf diesen Text, nach fast fünfzig Jahren, denn auch gar nicht auf die stilistische Ebene an.

Vielmehr führt Goethe den Superlativ als einen Maßstab ein, um ein gewisses Stadium zu charakterisieren, das in Toblers Aufsatz zwar erreicht wurde, bei dem er aber auch stehen bleibe. Er greift, erstaunlich genug, auf das linguistische Modell der Adjektivsteigerung zurück, – indes nicht im Sinne eines absoluten oder statischen Superlativ-Gebrauchs, sondern vielmehr als Teil eines Prozesses, einer Bewegung, einer Anstrengung. Die Rede vom Superlativ dient nicht der Beschreibung einer endgültigen Größe, sondern der Annäherung – und gewinnt damit lebendige Dynamik. „Ich möchte“, so heißt es in Goethes späterem Kommentar, „die Stufe damaliger Einsicht einen Comparativ nennen, der seine Richtung gegen einen noch nicht erreichten Superlativ zu äußern gedrängt ist“ (WA II.11, S. 10). Dies ist nun ein erheblicher Vorgang: Der Superlativ ist hier gar nicht gegeben, er stellt eine Art Ideal oder Horizont dar, der im Aufsatz Toblers noch kaum sichtbar wird. Erst der alte Goethe kann für sich in Anspruch nehmen, dass seine naturphilosophischen Bemühungen sich seither in Richtung eines Superlativs bewegt hätten. Im Rückblick attestiert er dem (Toblerschen) Aufsatz (über dessen fremde Verfasserschaft sich Goethe ja nicht im Klaren war) „die Neigung zu einer Art von Pantheismus, indem den Welterscheinungen ein unerforschliches, unbedingtes, humoristisches, sich selbst widersprechendes Wesen zum Grunde gedacht ist, und mag als Spiel, dem es bitterer Ernst ist, gar wohl gelten“ (WA II.11, S. 10f.). Der Eindruck, dass hier von der Position des Jahres 1828 ein unangenehm gönnerhaftes Verteilen des ‚Superlativs‘ nur dem eigenen Weg zugesprochen werden solle, indes sich Tobler mit dem nur zweiten Platz begnügen müsse, ist trügerisch: Goethe ging davon aus, den Text selbst verfasst zu haben, d. h. er glaubte über eine zurückliegende Stufe der *eigenen* Entwicklung zu sprechen. Und, was noch erheblicher ist: Das als ‚Erfüllung‘ und damit als quasi-erreichter Superlativ Vorgestellte, ist wiederum nicht ein in sich gefestigter Besitz, sondern ein Begriffspaar der Dynamik.

Was im Toblerschen Ansatz nur vorläufig thematisiert werden konnte, kann der alte Goethe auf den Punkt bringen – indem er von Polarität und Steigerung spricht –, ohne damit das Prinzip des Strebens, der Entwicklung aufzugeben. Dieser Superlativ wäre selbst wieder nur ein

Gedanke der „Steigerung“, d. h. auch der, wie es scheinen mag, erreichte oder erfüllte Superlativ entzieht sich dem Zugriff und der Fixierung, vielmehr wird er eben als weitere, fortschreitende „Steigerung“ denkbar. In zweifacher Richtung wird dabei der Superlativ gleichsam geerdet: Zum einen deutet die Vergleichsrede von Komparativ und Superlativ auf die sprachwissenschaftliche Grundierung eines naturphilosophischen Gedankens, d. h. Goethes Superlativ wirkt als Denkfigur allenfalls in der Verbundenheit zwischen Natur und Sprache. Zum anderen steht der hier skizzierte Superlativ im Austausch mit dem Gedanken der Polarität, der Materie, ohne die die Steigerung nicht möglich wäre:

> Die Erfüllung aber, die ihm fehlt, ist die Anschauung der zwei großen Triebräder aller Natur: der Begriff von Polarität und von Steigerung, jene der Materie, insofern wir sie materiell, diese ihr dagegen, insofern wir sie geistig denken, angehörig; jene ist in immerwährendem Anziehen und Abstoßen, diese in immerstrebendem Aufsteigen. Weil aber die Materie nie ohne Geist, der Geist nie ohne Materie existirt und wirksam sein kann, so vermag auch die Materie sich zu steigern, so wie sich's der Geist nicht nehmen läßt, anzuziehen und abzustoßen; wie derjenige nur allein zu denken vermag, der genugsam getrennt hat um zu verbinden, genugsam verbunden hat um wieder trennen zu mögen. (WA II.11, S. 11)

Goethe erläutert in der Folge sein Fortschreiten über die Komparativstufe des Toblerschen Aufsatzes hinaus mit der Serie der ihm zentralen Erkenntnisse, der Entdeckung des menschlichen Zwischenkieferknochens, der Metamorphose der Pflanzen und schließlich der Tiere, als „Ursprung des Schädels aus Wirbelknochen“ (WA II.11, S. 12). Den Abschluss seiner Erläuterung gegenüber dem Kanzler von Müller bietet eine Summierung der eigenen Naturphilosophie, die den sich nunmehr selbst attestierten Superlativ als neue Verpflichtung, als Prinzip einer unaufhörlich fortschreitenden Vergeistigung begreift. Die Reklamation, dass hier mit einem erreichten Superlativ „abgeschlossen wird“, ist nicht im Sinne eines Abschlusses, eines ‚Faulbettes‘ im Sinne Fausts, zu belegen, sondern als Entwurf einer Lebensformel, die zu weiterer Beobachtung und Vergeistigung herausfordert.

> Vergegenwärtigt man sich die hohe Ausführung, durch welche die sämmtlichen Naturerscheinungen nach und nach vor dem menschlichen Geiste verkettet worden, und lies't alsdann obigen Aufsatz von dem wir ausgingen, nochmals mit Bedacht; so wird man nicht ohne Lächeln jenen Comparativ, wie ich ihn nannte, mit dem Superlativ, mit dem hier abgeschlossen wird, vergleichen und eines funfzigjährigen Fortschreitens sich erfreuen. (WA II.11, S. 12)

Eine zum Teil von Riemers Hand stammende und in der WA unter dem Titel *Polarität* stehende Aufzeichnung, wohl aus dem Jahr 1805, verfolgt diesen Gedanken weiter. Dabei wird die „Dualität der Erscheinung als Gegensatz“ schematisiert, etwa in der Gegenüberstellung von „Leib und Seele,/ Zwei Seelen,/ Geist und Materie,/ Gott und die Welt,/ Gedanke und Ausdehnung,/ Ideales und Reales“, um dann den Gedanken eines Lebensprinzips der Steigerung daraus zu entwickeln. Auch hier arbeiten Materie und Geist, Polarität und Steigerung als Urprinzipien ineinander, sodass einmal mehr die „Steigerung“, der Superlativ, als Ausdruck der Lebensrealität begriffen wird, diesmal in einer typischen superlativischen Sprachsteigerung: Die Bewunderung richtet sich auf die Sparsamkeit der Natur, die „das Mannichfaltigste hervorzubringen weiß. Sie bedient sich hierzu des Lebensprincips, welches die Möglichkeit enthält, die einfachsten Anfänge der Erscheinungen durch Steigerung in's Unendliche und Unähnlichste zu vermannichfaltigen“ (WA II.11, S. 165).

Vergeistigung, Vermannigfaltigung, Steigerung – das sind analoge Prozesse einer Verunähnlichung, einer Differenzierung, mit der Goethe offenbar der Gefahr eines Systemzwangs idealistischen Denkens entgeht. Der Superlativ wird zum Modell eines gänzlich offenen, unabgeschlossenen Denkens, dem es nicht um die Stabilität eines in sich begründeten Systems geht, sondern um die Rechtfertigung und Zulässigkeit unabsehbarer Lebendigkeit. Sie bedarf, um formuliert zu werden, des entschiedenen Verzichts auf sprachliche Konventionen, und die Entgrenzung des Goetheschen Superlativgebrauchs erweist sich als Spiegel eines radikal offenen, grenzüberschreitenden Denkens. Dafür könnte ein weiteres Lieblingswort Goethes angeführt werden: das „Inkommensurable“, das über jede Berechenbarkeit und Verhältnismäßigkeit Hinausführende, das er der Natur (FA II.12, S. 103) wie der Weltgeschichte (WA II.3, S. 134), der poetischen Produktion insgesamt (FA II.12, S. 616) wie im Einzelnen dem *Faust* (FA II.12, S. 373) oder auch Lord Byron (FA II.12, S. 148) zugesprochen hat. Der Superlativ ist ein Sprachinstrument von zentraler Bedeutung, wenn es darum geht, eben dieses „für den Verstand" Unfassliche zu formulieren (FA II.12, S. 616).

Offenbar stand ihm dabei die Antike keineswegs als ein einheitliches Gebilde oder gar Vorbild vor Augen, wie man es immer wieder für den Gebrauch des Elativs angenommen hat, sondern Goethe unterscheidet deutlich zwischen den unterschiedlichen Varianten des Griechischen und Lateinischen. Während Letzteres „durch den Gebrauch der Substantiven entscheidend und befehlshaberisch" sei, „der Begriff ist im Wort fertig aufgestellt", ist das Griechische

> durchaus naiver, zu einem natürlichen, heitern, geistreichen ästhetischen Vortrag glücklicher Naturansichten viel geschickter. Die Art, durch Verba, besonders durch Infinitiven und Participien zu sprechen, macht jeden Ausdruck läßlich; es wird eigentlich durch das Wort nichts bestimmt, bepfählt und festgesetzt, es ist nur eine Andeutung, um den Gegenstand in der Einbildungskraft hervorzurufen. (WA II.3, S. 201f.)

Eine solche Sprachkultur lässlicher Andeutung, zur Aktivierung der Einbildungskraft, scheint auch im Superlativ am Werk: Er ist gerade nicht als Strategie des Realismus oder gar triumphalistischer Selbstsicherheit angelegt, sondern als Dynamik einer Intensivierung, die aber auf Ergänzung, auf die Imagination des Lesers angewiesen ist. Der Superlativ wäre als Vermittlungsstrategie zu beschreiben, gerade weil, wie es an anderer Stelle der *Farbenlehre* heißt, die Sprache „eigentlich nur symbolisch, nur bildlich sei und die Gegenstände niemals unmittelbar, sondern nur im Widerscheine ausdrücke" (WA II.1, S. 302). Der Andeutungscharakter, das Vermittelnde, das auf nichts Bepfähltes und Starres aus ist, macht den Superlativ zu einem entscheidenden Instrument der Goetheschen Weltsicht.

Jahre vor dem Kommentar über Toblers *Natur*-Aufsatz hatte Goethe schon einmal vom Superlativ gehandelt, und zwar in einem Brief an Sulpiz Boisserée, in dem er seine zuvor mitgeteilte, in *Kunst und Altertum* veröffentlichte Würdigung der Gemäldesammlung der Brüder Boisserée charakterisierte. Boisserée hatte darauf am 27. Juli 1816 reagiert, indem er Goethe wissen ließ:

> Die Wirkung der Schrift, wie ich sie nun jetzt besser beurtheilen kann, zeigt sich fortwährend nach Wunsch und Erwartung. Diejenigen, welche mit der Sache bekannt sind, glauben, es sey ihr nicht genug geschehen, ich meine die Bessern derselben. Die Dichterlinge und Frömmler hingegen schimpfen. Und die im entgegengesetzten Vorurtheil Befangenen oder mit der Sache ganz Unbekannten sind zufrieden und aufmerksam.[1]

In Goethes auf den 7. August 1816 datierter Perspektive wird der besagte Aufsatz als eine auf produktive Ergänzung und Steigerung durch den Leser angelegte Darstellung charakterisiert, als eine Schrift, die in der Rezeption erst zum Ziel kommen kann. Dabei erweist sich der Schritt vom Komparativ zum Superlativ als entscheidend: „Der Effect meiner Redekünste", so erfährt es Boisserée,

> wie er auch mir ohngefähr bekannt geworden, freut mich sehr. Da ich von Ihrer, als herrlich anerkannten Sammlung im Comparativ gesprochen, bleibt Freunden und Kennern der Superlativ anheimgestellt. Das mögen die Menschen gar zu gern. Auch ziehe ich, durch diese Mäßigkeit, die Gleichgültigen, ja die Widerstreitenden auf unsere Seite. (WA IV.27, S. 138)

Der Komparativ ist offenbar als eine Rhetorik der Überredung angelegt, als eine „Mäßigkeit", die im taktischen Manöver die noch Unentschiedenen überreden will und somit auf den eigentlich erstrebten Superlativ hindeutet. Dabei hat Goethe also den Superlativ bewusst ausgespart, – was umso deutlicher unterstreicht, mit welcher Entschiedenheit er ihn handhabt, auch wenn er hier eher metaphorisch als Charakteristik eines Stils angesprochen ist. In jedem Fall erscheint die Höchststufe der Steigerung als ein sprach- und stilenergetisches Potential, das auf eine Aktivierung des Lesers zielt. Goethe verwendet den Terminus „Superlativ" nicht im grammatikalischen Sinn der Adjektivsteigerung, sehr wohl aber als metaphorische Charakterisierung eines Denk- und Sprachstils, der dabei von der Stufe der „Mäßigung" im Komparativ abgesetzt wird. Dass somit die bei Tobler noch nicht erreichte bzw. in der Charakterisierung der Sammlung Boisserée vermiedene Stufe

[1] Sulpiz Boisserée: *Briefwechsel/Tagebücher*, 2 Bde., Faksimile nach der 1. Aufl. von 1862, Göttingen 1970, Bd. 2, S. 126.

des Superlativs keine Figur des klassischen Maßes sein kann, ist demnach dem Goetheschen Kalkül völlig bewusst gewesen. Die Kritiker seiner Superlativ-Leidenschaft sind sehr viel klassizistischer als der liberale Klassiker.

# 6 *Das Höchste: Goethe als Urteilender*

Es ist nicht überraschend, dass bei Wertungen superlativische Formulierungen zur Hand sind, – wer hätte nicht, jeweils für sich, „das abscheulichste Buch“ vor Augen, „das je geschrieben worden“? Im Fall Goethes war es Victor Hugos *Glöckner von Notre-Dame*, in dem er das unselige Erbe der romantischen Richtung wiedererkannte, neben dem Schönen „auch das Allerunerträglichste und Häßlichste darzustellen“.[1] Und im umgekehrten Fall kann dann ein Werk „in seinen Elementen als das würdigste, in seiner Ausführung als das vollkommenste“ erachtet werden, was wir besitzen – so in einem Brief vom 17. Dezember 1820 an Karl Ludwig von Knebel, diesmal ist Homers *Ilias* gemeint (WA IV.34, S. 41). Natürlich steht das weltliterarische Spektrum, das Goethe in literaturkritischen Essays von der Volksliteratur unterschiedlicher Kulturen bis zum Höhenkamm des Kanons wahrgenommen und besprochen hat, immer wieder im Licht dezidierter Urteile, zwischen Anerkennung und Verriss: „Absicht und Leistung am gründlichsten zu unterscheiden“, war nicht nur Herders Fähigkeit (WA I.36, S. 255), sondern Goethes eigenes Anliegen. Dass dann einerseits „der absurdeste“, andererseits „der vernunft- und naturgemäßeste“ Gegenstand nicht nur vom selben Autor stammen, Calderóns *Aurora von Copacabana* und *Die Tochter der Luft*, sondern auch beide Goethe „glücklich“ machen konnten, ist nicht selbstverständlich. Wenn es um Dante geht, hält Goethe die Unerbittlichkeit fest, mit der der Dichter „das Abstruseste und Seltsamste“ bietet (WA I.42,2, S. 70), „bei der strengsten und deutlichsten Ausführung der Scenerie“ (WA I.42,2, S. 71) im „Dante'schen Höllenlocal“.

Der Superlativ kann in einer Art Personalunion zum Kennzeichen einer Zeiterscheinung werden, die Goethe zwar ‚in höchsten Tönen‘ anerkennt, die darin aber auch ihre gefährlichen Seiten hat. Hier ist die Rede von Lord Byron und Goethes Beitrag zu seinem Andenken. So sehr schon die „allgemeine Anerkennung“ von Byrons Verdiensten der

[1] Gespräche mit Eckermann, 27. Juni 1831, FA II.12, S. 736f.

„Vermehrung und Steigerung“ seines Werks korrespondiert (WA I.42,1, S. 100), so wandte sich der junge Autor an den alten „in den ehrenreichsten Ausdrücken“ (WA I.42,1, S. 101), die Goethe wieder „als werthestes Zeugniß eines würdigen Verhältnisses unter den kostbarsten Documenten“ verwahrt (WA I.42,1, S. 103). Gleichwohl konstatiert Goethe ein Leben und Dichten bei Byron „in aller seiner Excentricität“ (WA I.42,1, S. 101), die er in den Steigerungsvisionen Euphorions abbildet. Durch Byrons frühen Tod gewinnt dessen letzter Gruß an Goethe „den größten schmerzlichen Werth“, nachdem der „vorzüglichste Geist“, der „menschlichste Sieger“ persönlich nicht mehr verfügbar ist (WA I.42,1, S. 104). Das inkommensurable Moment von Byrons Talent, das Goethe wahrnimmt,[2] wird auf den Punkt gebracht: Das Streben ins Unbegrenzte und die „Zügellosigkeit“ stünden in Verbindung mit seinem Tod.

Goethes verschwenderischer – und somit, nach dem Knaben Leuker (*Faust II*, V. 5573) poetischer – Umgang mit dem Superlativ kommt darin zum Ausdruck, dass er die Kategorie des ‚Höchsten‘ in erstaunlicher Vielfalt zu erkunden und zu füllen vermag. Dass unter dem Dach einer solchen Vorstellung, die eigentlich, zumindest theologisch gedacht, nur durch einen Singular besetzt werden kann, eine ganze Versammlung, ein Plural also an Höchst-Steigerungen Platz findet, hängt nicht nur mit der Fülle unterschiedlicher Disziplinen zusammen, die in Goethes Denken vertreten sind, sondern auch mit der großzügigen ‚Läßlichkeit‘, wonach es „in meines Vaters Haus viele Wohnungen gibt“, wie Goethe den Evangelisten Johannes gerne zitiert.

Wenn der Gedichttitel *Höheres und Höchstes* in der ersten Strophe mit den Versen kommentiert wird „Wie das alles zu erklären,/ Dürft ihr euer Tiefstes fragen“ (WA I.6, S. 264), steht die Ambivalenz des lateinischen ‚altissimus‘ im Hintergrund, das je nach dem Standpunkt des Sprechers den Blick in die Höhe oder die Tiefe markieren kann. Der Goethesche Superlativ steht überwiegend im Zeichen des Blickes in die Höhe, der Steigerung ins Positive, das auch als solches gewertet und anerkannt wird. Aber das Medium einer solchen Überbietung des im Positiv Gegebenen, über den Vergleich des Komparativs hinaus, bleibt nicht auf die Zustimmung beschränkt.

2 Gespräche mit Eckermann, 24. Februar 1825, FA II.12, S. 148.

Wie sehr Goethe, bei aller Distanz gegenüber dem Zwang eines Systemdenkens, doch als Zeitgenosse des deutschen Idealismus zu lesen ist,[3] zeigt sich an der Bestimmung des „Höchsten“, die er 1813 im ersten Abschnitt des Essays *Shakespeare und kein Ende!* formuliert hat: „Das Höchste, wozu der Mensch gelangen kann, ist das Bewußtsein eigner Gesinnungen und Gedanken, das Erkennen seiner selbst, welches ihm die Einleitung gibt, auch fremde Gemüthsarten innig zu erkennen“ (WA I.41,1, S. 52f.). Der hier entworfene Zusammenhang von Selbsterkenntnis und Fremderkenntnis ist ein umso erstaunlicheres Argument, als Goethe der prominenten Forderung der (bloßen) Selbsterkenntnis durchaus kritisch gegenübergestanden hat, als einem unmöglichen Postulat, „als eine List geheim verbündeter Priester, die den Menschen durch unerreichbare Forderungen verwirren und von der Thätigkeit gegen die Außenwelt zu einer innern falschen Beschaulichkeit verleiten wollten“ (WA II.11, S. 59). Gerade in der Konfrontation dieser Zitate erweist sich Goethes Blick auf das ‚Höchste‘ als Vision eines Vergleichs, einer Balance, durch die die Gefahr monomanischer Selbstbespiegelung, eines unfruchtbaren Superlativismus gebannt wird. Das Höchste tritt in der Gestalt einer Verständigung, eines Austausches vor Augen, und gerade nicht als Führungsanspruch eines Singulars. Der Superlativ zeichnet sich als ein Versuch ab, zwischen Objekt und Subjekt zu vermitteln, wie ihn Goethe im Aufsatz von 1793 skizziert hat (WA II.11, S. 21-37), nicht aber als subjektivistischer Solipsismus.

Immer wieder begegnen in Goethes beweglichem Denken solche Konfigurationen der Verständigung und Vermittlung. Auch das Verhältnis von Theorie und Praxis ist davon betroffen, wenn es in einem der Sprüche in Prosa heißt: „Das Höchste wäre: zu begreifen, daß alles Factische schon Theorie ist. Die Bläue des Himmels offenbart uns das Grundgesetz der Chromatik. Man suche nur nichts hinter den Phänomenen; sie selbst sind die Lehre“ (WA II.11, S. 131). Goethes ‚Phänomenologie‘ der Natur, so könnte man sagen, ist als Transparenz von Erscheinung und ‚Gesetz‘ angelegt, als Sichtbarkeit einer geordneten Welt (im Sinne des ‚Kosmos‘), die sozusagen auf der Hand liegt und doch gerade dadurch übersehen wird. Das unmittelbar Gegebene bleibt

[3] Vgl. Mathias Mayer: *Idealismus*, in: *Faust-Handbuch. Konstellationen, Diskurse, Medien*, hg. von Carsten Rohde, Thorsten Valk, Mathias Mayer, Stuttgart 2018, S. 210-218.

unerkannt, sodass „das Höchste“ hier auf die Herausforderung verweist, die Nicht-Selbstverständlichkeit, dass sich im Gegebenen, im „Factischen“ bereits die Erkenntnis abzeichnet, die gemeinhin als „Theorie“, gleichsam unnatürlicherweise, „hinter“ den Phänomen vermutet wird. Der Anspruch des „Höchsten“, der dabei formuliert wird, zielt somit nicht auf ein besonders elitäres, ausnahmsweises Verhalten, sondern eigentlich auf ein eher schlichtes, allzu schlichtes, das nur zu leicht übergangen wird. Das Höchste wäre zugleich das Einfachste, das Naheliegende, – „dürft Ihr euer Tiefstes fragen“, womit der Superlativ zum Medium des Dialogischen wird. Dass das Einfachste nicht nur einfach, sondern zugleich das Höchste ist, zeigt sich an der Bläue des Himmels. Im Doppelblick von Erscheinung und Gesetz kommt Erstaunliches zum Vorschein, und was als Steigerung des Höchsten besonders zu sein scheint, ist nicht mehr als der ‚allgemeine Fall‘: „Was ist das Besondere? Millionen Fälle“ (WA II.11, S. 127). Das (wirkliche) Begreifen des (durchaus) Begreiflichen – dieses Höchste, oder Einfachste, bedarf der superlativischen Hervorhebung und Vermittlung.

Harmloser wird diese Vermittlung, wo sie von der Naturwissenschaft und Erkenntnistheorie auf den Bereich der Geschichte und Politik übertragen wird. Wenn Goethe in *Wilhelm Meisters Lehrjahre* auf das Trauma der Französischen Revolution reagiert, indem er die Konflikte zwischen den Ständen als heilbar darzustellen sucht, so begleitet er solche Versöhnungsvisionen durch programmatische Überlegungen, in denen vom „höchsten Zweck“ einer Gesellschaft die Rede ist: „Der höchste Zweck der Gesellschaft ist Consequenz der Vortheile, jedem gesichert. Jeder einzelne Vernünftige opfert schon der Consequenz vieles auf, geschweige die Gesellschaft. Über diese Consequenz geht fast der momentane Vortheil der Glieder zu Grunde“ (WA I.42,2, S. 233; MuR 950). Zeitgleich zum Roman notiert, 1795, wird eine Utopie des Ausgleichs zwischen dem Einzelnen, „jedem“, und dem Ganzen propagiert, eine Art Gesellschaftsvertrag, bei dem die Kongruenz der Interessen, von Verzicht und Gewinn, als Ziel, als höchster Zweck bestimmt wird. Dabei dient der Superlativ einem Pragmatismus politischen Handelns, in dem das spezifisch Goethesche und seine Denkfigur des Superlativs vergleichsweise weniger zur Geltung kommt. Wenn der Superlativ nicht als kompetitive Vorstellung für Goethe prägend ist, sondern als natürlich-lebendige Formel einer Dynamik der Steigerung, liegt es nahe, ihn mit der Vorstellung oder ‚Vollendung‘ zu verknüpfen: sicherlich nicht im Sinne eines Abschlusses, eines ‚Endes', sondern im Sinne einer Vervollkommnung, in der das jeweils Angelegte an sein Ziel der größtmöglichen Entfaltung kommt. „Gleich sei keiner dem andern; doch gleich sei jeder dem Höchsten./ Wie das zu machen? Es sei jeder vollendet in sich" (WA I.1, S. 353), heißt es in den 99 Distichen der *Vier Jahreszeiten*. Vollendung ist dabei als Korrelat des Höchsten gedacht, als Ausbildung des Keimes, wie sie dann auch im Gedanken der ‚Entelechie' bei Fausts Tod bedacht wird: Sein „Unsterbliches", das die Engel am Ende des 2. Teils in die Bergschluchten-Szene hineintragen, bezeichnet ein sich im Zustand der Vollendung Befindliches.[4]

Denn es ist wohl die Grenzregion von Naturwissenschaft und Religion, in der die intensivste Herausforderung superlativischen Denkens Gestalt annimmt. Die Steigerung als natürlicher Prozess, der in der Apotheose des Religiösen ein antwortendes Gegenbild findet, führt zur Vorstellung einer höchstgesteigerten Lebendigkeit, für deren Veranschaulichung und Formulierung der Superlativ unentbehrlich scheint:

> Das Höchste, was wir von Gott und der Natur erhalten haben, ist das Leben, die rotirende Bewegung der Monas um sich selbst, welche weder Rast noch Ruhe kennt; der Trieb, das Leben zu hegen und pflegen, ist einem jeden unverwüstlich eingeboren, die Eigenthümlichkeit desselben jedoch bleibt uns und andern ein Geheimniß. (WA II.6, S. 216; MuR 391)

Das Leibnizianische Monadenmodell verquickt Goethe immer wieder mit der Unerschöpflichkeit der Seelenenergie, mit der ‚Forderung' an die Natur, eine Fortdauer nach dem Tod in Aussicht zu stellen.[5] Mit Gott und der Natur beruft Goethe offenbar eine Letztinstanz, die die menschliche Existenz von zwei Seiten her prägt: Das spinozistische Modell „sive deus sive natura" erscheint als die eine Kraft, die sich in unermüdlicher Tätigkeit, als Lebendigkeit manifestiert. Indem der Begriff der Monas als leibnizianische Formel auf die Vollkommenheit in sich selbst, die Entelechie, verweist, verkörpert der Superlativ des „Höchsten" den Inbegriff des Lebendigen. Womit die Probe zu klären ist, inwiefern

4 Vgl. Schönes Kommentar in FA I.7,2, S. 799f.

5 Gespräche mit Eckermann, 4. Februar und 1. September 1829, FA II.12, S. 300f., S. 361.

Goethes Superlative als sprachliche Manifestationen jener Lebendigkeit, jener um sich selbst rotierenden Monas zu beschreiben sind, die von der ethisch-religiösen und naturwissenschaftlichen Seite dem Menschen als ‚das Höchste' gegeben ist.

Auch anhand der Kategorie des ‚Höchsten', dem Feld von Religion und Natur entstammend, lässt sich der Weg in die Ästhetik und Poetik verfolgen. Gerade der zunehmend radikaler werdende spätere Goethe versucht in poetischen Formeln extremer Steigerung „den höchsten Sinn im engsten Raum" zu verdichten, wie es wiederum im Vierzeiler über den „Siegelring" zu Beginn des *West-östlichen Divan* heißt (WA I.6, S. 8). Die Verknappung der Diktion wird zum stilistischen Kennzeichen gerade der späteren Texte, sie artikuliert sich in einer Verschwendung der Superlative, die als monadische Zentralgestirne an entscheidender Stelle eingesetzt werden, sei es, dass weithin verbreitet die ‚Persönlichkeit', „Wenn man bliebe was man ist", als „Höchstes Glück der Erdenkinder" gepriesen wird, wogegen Hatem mit einem Gegenentwurf liebender Selbstverausgabung reagiert (WA I.6, S. 162), oder sei es, dass Faust sein Ende, „Im Vorgefühl von solchem hohen Glück", als „den höchsten Augenblick" genießt (*Faust II*, V. 11585f.).

# 7 Ethik: Der Elativ als absoluter Superlativ

Wenn sich die Indizien verstärken, dass Goethes Präferenz des Superlativs nicht im Sinne eines lautstarken Triumphalismus, nicht im Sinne einer agonalen Vergleichung, Überbietung und Siegespose zu sehen ist, dann richtet sich der Blick auf eine besondere Form des Superlativs. Dabei ist die Unterscheidung des relativen und des absoluten Superlativs gewichtig: Als Höchststufe kennzeichnet der gegenüber dem Komparativ (größer) noch einmal gesteigerte Superlativ (der größte) – und darin ist er *relativ*, bezogen auf die überbotenen Stufen des Positivs (groß) und des Komparativs – den „höchsten Grad unter den verglichenen oder vergleichbaren Werten“.[1] Davon unterschieden wird ein Superlativ, der von der Vergleichung los-gelöst und daher *absolut* ist, indem er das Herausgehobene, ohne ein Vergleichswort zu nennen, in seinem sehr hohen Grad benennt, ohne ihm direkt und relativ den ‚höchsten‘ Grad zuzusprechen, auch wenn die Adjektiv-Steigerung genutzt wird: ‚modernste Maschinen‘, ‚möglichst schnell‘. Harald Weinrich beschreibt diesen Elativ als einen „Norm-Superlativ [...], sofern er sich über- oder unterbietend auf jede beliebige Erwartungsnorm richtet“.[2] „Jedoch fand er sich, da er sein Zimmer betrat, in dem wunderlichsten Zustande“, heißt es einmal in den *Wanderjahren* (WA I.24, S. 155), vom „Erwünschtesten“ ist in der *Campagne in Frankreich* die Rede (WA I.33, S. 123): Viele der von Goethe (neu) gebildeten Superlativ-Komposita, vor allem mit ‚aller-‘, haben eine elativische Funktion,[3] d. h. sie heben etwas hervor, ohne deswegen anderes als *weniger* gewichtig *abzuwerten*. Besonders beliebt ist daher der modale Gebrauch von Elativen: „Die Zeit war indeß auf das angenehmste vergangen, jedes hatte seine Einbildungskraft und seinen Witz auf's möglichste angestrengt“, lautet einer der im *Goethe-*

1 Fläming: *Grammatik des Deutschen*, a.a.O., S. 500.

2 Weinrich: *Textgrammatik*, a.a.O., S. 504.

3 *Goethe-Wörterbuch*, hg. von der Akademie der Wissenschaften der DDR, der Akademie der Wissenschaften in Göttingen und der Heidelberger Akademie der Wissenschaften, Stuttgart, Berlin, Köln, Mainz 1978, Bd. I, Sp. 360.

*Wörterbuch* angeführten Beispielsätze, hier aus den *Lehrjahren* (WA I.21, S. 189). In den *Wanderjahren* finden sich Formeln wie „aufs herzlichste", „auf das genaueste und vollständigste", „auf das treulichste", „aufs erfreulichste", „aufs fürchterlichste", „aufs genaueste", „am geschwindesten", „das Würdigste", „aufs geschwindeste", „auf das innigste", „aufs herzlichste", „auf das anmutigste", „auf das dringendste", „zum günstigsten", „aufs vorteilhafteste", „aufs rundeste" (!), „aufs klarste", „auf das entschiedenste", „aufs strengste", „aufs baldigste", „aufs kräftigste", „aufs zierlichste", „auf das treueste", „auf das geschickteste" – um nur gleichsam aufs schnellste die wenigsten zu nennen. Goethe, so darf man diese Beispiele ‚hochrechnen', hat besonders den elativen, den absoluten Gebrauch des Superlativs geschätzt und die von der Linguistik beschriebene Gefahr der Formelhaftigkeit und leichten Abnutzung *nicht* so gesehen. Weinrich verweist auf die „Sprache der herzlichen und höflichen Zuwendung, zumal im Briefstil", der sich des Elativs bedient, womit aber „keine konkreten, sondern nur konventionelle Erwartungen überboten werden".[4] Freilich hat Goethe den Elativ nicht allein durch Zusammenstellungen mit einem Adverb (sehr, so überaus, außerordentlich, ganz) oder einer Vorsilbe (‚aller-', ‚über-') gebildet, sondern auch durch lexikalische, bildhafte Ausdrücke, wenn er in *Aussöhnung* vom „Götterwert" der Töne und Tränen spricht (WA I.3, S. 27).

Für die Goetheforschung lag hier der Aufweis nahe, dass die Sympathie für den Elativ dem antiken Vorbild folge,[5] das schon in Voss' Homerübersetzung den Superlativ oder Elativ bringt, wo er im Original *nicht* stand. Aber der Elativ ist, gerade wenn man den antiken Kontext ernst nimmt, nicht auf die Ebene der Stilistik reduzierbar. Freilich wird der bildhafte Gebrauch immer wieder am antiken Vorbild illustriert und „stultissimus" mit „stockdumm" oder „pulcherrimus" mit „bildschön" wiedergegeben.[6] Schon seitdem Cicero Platon als „vir doctissimus" bzw. als „gravissimus philosophorum omnium" bezeichnet hat,[7] ist die Figur des Sokrates zu einer Schlüsselgestalt superlativischen Anspruchs

4 Weinrich: *Textgrammatik*, a.a.O., S. 505.

5 Knauth: *Von Goethes Sprache und Stil*, a.a.O., S. 38, nach vorausgegangenen Beobachtungen im 19. Jahrhundert.

6 Throm: *Lateinische Grammatik*, a.a.O., S. 36.

7 Cicero: *de legibus* 2,14, nach: Heinrich Dörrie: *Die geschichtlichen Grundlagen des Platonismus*, Stuttgart 1987, S. 214.

geworden: „Socrates, vir sapientissimus“ kann als „der weise Sokrates“ übersetzt werden.[8] Aber diese Kanonisierung steht neben dem stilistischen Zusammenhang vor allem in einem philosophischen Kontext:

Dass Sokrates als der weiseste Mensch gilt, ist nicht nur ein Übungssatz der Grammatik, wenn es um die Illustration des Superlativs geht, sondern eine Kernaussage der platonischen Philosophie. Am Schluss des *Phaidon*, in einem der bewegendsten Szenarien der philosophischen Literatur, schildert Platon den von Gelassenheit und Zuversicht bestimmten Tod des Sokrates als des „edelsten, sanftmütigsten und trefflichsten von allen“, denen der gerührte Gerichtsdiener je den Giftbecher bringen musste,[9] und Phaidon beklagt im Schlusssatz des Dialogs in Sokrates den Mann, „der unserem Urteil nach […] der trefflichste war, und auch sonst der vernünftigste und gerechteste“.[10] Es ist aber nicht diese Wertschätzung seiner Freunde und Schüler allein, die Sokrates zum Maßstab der Weisheit hat werden lassen, sondern es ist die heikle Autorität des göttlichen Orakels zu Delphi, von dem Sokrates in der *Apologie* berichtet. Um sich gegen die Verleumdungen zu verteidigen, die zu seiner Verurteilung führen, charakterisiert sich Sokrates als derjenige, der „durch nichts anderes als durch eine gewisse Weisheit“[11] Aufmerksamkeit gefunden habe, eine Weisheit, „dem Menschen angemessen“, die auf die Probe gestellt wurde. Auf die Frage des mit ihm befreundeten Chairephon an die Pythia, „ob wohl jemand weiser wäre als ich“, wurde eine abschlägige Antwort erteilt, die Sokrates in einen Konflikt stürzt, der als Dilemma des Superlativs beschrieben werden kann. Er sieht sich gezwungen, die göttliche Autorität des Orakels zu respektieren und ihm also zu glauben, zugleich aber widerstreitet dieses Gebot seiner Selbstwahrnehmung, „daß ich weder viel noch wenig weise bin“.[12] Die aus dem Vergleich, dem Komparativ – wer weiser wäre als er – herausgereizte Stufe des Superlativs, dass niemand weiser, also Sokrates der weiseste ist, wird in der Folge, mit einer ethischen Konsequenz, die bis in den Tod führt, als Befragung erprobt, als ein

8 Throm: *Lateinische Grammatik*, a.a.O., S. 36.

9 Platon: *Phaidon* 116c, in Ders.: *Sämtliche Werke*, 6 Bde., in der Übersetzung von Friedrich Schleiermacher, hg. von Walter F. Otto, E. Grassi, G. Plamböck, Bd. 3, Hamburg 1974, S. 65.

10 Ebd., S. 66.

11 Platon: *Apologie* 20d, in: Ders.: *Sämtliche Werke*, a.a.O., Bd. 1, S. 12.

12 Ebd., 21b.

Zweifelsgang, der der vorläufigen Überzeugung geschuldet ist, dass Sokrates sich nicht für besonders weise hält. Aber die Auseinandersetzung mit den Staatsmännern, den Dichtern und den Handwerkern führt zu dem Ergebnis, bekanntermaßen, dass sie jeweils in ihren eigenen Fähigkeiten befangen und dadurch für die „dem Menschen angemessene" Weisheit blind sind. Der Staatsmann etwa komme anderen Menschen „und am meisten sich selbst sehr weise" vor, aber die Wahrnehmung und Prüfung durch Sokrates ergibt, dass diese Einschätzung in die Irre geht. Die vom Orakel, dem nun Lüge oder Irrtum nicht zugesprochen werden kann, behauptete Auszeichnung des Sokrates besteht also in der Negativität, in der Erkenntnis „Ich scheine also um dieses wenige doch weiser zu sein als er, daß ich, was ich nicht weiß, auch nicht glaube zu wissen".[13] Was Weisheit ist, erfährt Sokrates nur auf dem Weg des Fragens und Denkens, d. h. die Auszeichnung des Superlativs beweist ihre Wahrheit paradoxerweise durch ihre radikale Infragestellung: „Vielmehr ist der Versuch einer Widerlegung des Orakels die einzige Möglichkeit seiner Deutung".[14]

Sokrates wird somit zur Galionsfigur eines problematischen Umgangs mit dem Superlativ. Als der weiseste Mensch erweist sich derjenige, der weiß, dass er nichts weiß, sodass sich die Extreme von Weisheit und Unwissenheit berühren. Sokrates ist durch diese Paradoxie nicht nur für den athenischen Staat zu einer Gefahr geworden, zur Figur einer unbequemen Wahrheit, die die etablierte Hierarchie der Unwissenheit destabilisiert und deshalb aus dem Weg geräumt werden musste, – Sokrates ist zu einer Leit- und Lichtgestalt der abendländischen Ethik geworden, indem er die superlativische Hervorhebung eben dadurch bestätigt, dass er sie in radikaler Weise in Zweifel gezogen hat. Mit dem Ansatz der eigenen Unwissenheit erweist er sich weiser als alle anderen, und diese Überlegenheit, dieses Hinausgehobensein (als philosophischer E-lativ) verweist auf eine Fülle von Problemen, die hier aus der Verkündigung des Orakels hervorgehen: Der Spruch der Pythia zeichnet durch eine Überbietung des Komparativs einen einzelnen Menschen als ‚den' weisesten aus. Eine sprachliche Handlung wird vollzogen, die im Schnittpunkt zwischen religiöser Autorität (Apollon) und (philosophischer) Wahrheit steht, die ethisch und juristisch zu

[13] Ebd., 21d.

[14] Günter Figal: *Sokrates*, München [3]2006, S. 37.

dramatischen Folgen führt – der Verurteilung des Sokrates wie zu seiner Wertschätzung in der Geschichte. Der Superlativ, sofern er nicht primitiv als garantierter Besitz einer Anerkennung missdeutet wird, erweist sich als hochgradig komplexe Sprachfigur, die an einem Angelpunkt der Kulturgeschichte gespiegelt werden kann.

Entscheidend an der Sokrates-Figur ist im Hinblick auf den Superlativ gerade die Relativität dieser Hervorhebung, wobei das ‚elative' Moment zugleich ein ‚ethisches' ist: Es liegt im Bewusstsein der eigenen Grenzen, im Wissen um die Fragilität des Superlativischen. Es ist kaum vorstellbar, dass Goethe nicht in eben diesem Bewusstsein von der ‚absolutesten Freiheit' Gebrauch gemacht hätte. Angesichts von Formelworten wie „Herrlichstes" (WA I.3, S. 101), „Allgemeinstes" (WA I.7, S. 76), „Geheimstes" (WA I.6, S. 63) oder „Wichtigstes" (*Faust II*, V. 6988) kann der Eindruck entstehen, hier verselbständige sich der Superlativ, er emanzipiere sich von jeder Relativität:

> Wenn man einmal dazu kommt, über Goethes Altersstil im grösseren Zusammenhang zu schreiben, wird man darauf hinweisen müssen, wie der Gebrauch des Superlativs in dieser Sprache viel weniger im Sinn der Steigerung, im impulsiven Sinne, wirkt, als er Zeichen ist für eine von den Gegenständen losgelöste Welt: er hat etwas Schwebendes an sich … Die Superlative sind keine Superlative mehr.[15]

Dass den Superlativen selbst eine Tendenz zum Absoluten zugesprochen werden kann (also von einer ‚Elativierung' des Relativen hin zum Absoluten), sollte indes nicht den falschen Eindruck einer Überflüssigkeit oder Verzichtbarkeit erwecken. Einem rein stilistischen Blick mag der Elativ „nach den Wörtchen ‚so' (‚solch'), ‚ganz', ‚recht'" letztlich überflüssig erscheinen, denn sie ersetzen bereits „eigentlich den antiken Elativ im Deutschen",[16] belegt mit der Wendung „Heute lasset mich beachten/ Solche lieblichsten Vereine" (WA I.4, S. 43). Weit gefehlt! Die Sympathie für eine solche ‚absoluteste Freiheit' der Sprache ist (neben der stilistisch kaum zu klärenden Eigenheit) vor allem Ausdruck eines Befreiungsprozesses, einer Entbindung und Lösung von Schranken der stilistischen Orthodoxie der Gottsched, Duden und Vischer. Der Elativ als

15 Jürg Fierz: *Goethes Portraitierungskunst in ‚Dichtung und Wahrheit'*. Diss. Frauenfeld 1945, S. 74.

16 Knauth: *Von Goethes Sprache und Stil*, a.a.O., S. 39.

absoluter Superlativ lässt noch den relativen Superlativ in einem Prozess sprachlichen Experimentiergeistes zu einer ‚absolutesten Freiheit' werden, die gerade in den Bereich des *nicht* mehr Relativen, des *Unvergleichlichen*, vorstößt, mit der Goethe allerdings nicht nur nebulöse Vorstellungen verbindet. Der Umschlag aus dem Relativen ins Absolute wird an einem Naturbild veranschaulicht, das die Ökonomie allen Vergleichens in die Ethik des Nichtbemessbaren aufhebt: „Alles Vollkommene in seiner Art", heißt es in Ottilies Tagebuch in den *Wahlverwandtschaften*, „muß über seine Art hinausgehen, es muß etwas anderes Unvergleichbares werden. In manchen Tönen ist die Nachtigall noch Vogel; dann steigt sie über ihre Classe hinüber und scheint jedem Gefiederten andeuten zu wollen, was eigentlich singen heiße" (WA I.20, S. 310f.).

Der Superlativ, absolut gesetzt, verliert das Definitive und Statische, vielmehr erscheint er als Formel einer lebendigen Beweglichkeit, die auch die Vorstellungskraft des Lesers weiter mobilisiert: Deshalb kann, von Fall zu Fall, das ‚Letzte' zu einem ‚Letztesten' geführt werden, eben um den Prozess selbst in Gang zu halten. Eine solche Beweglichkeit der Steigerung, die, wie im Fall des Sokrates, eine auch ethische Komponente hat, begegnet bei Goethe, überraschend genug, schon im Bereich des Komparativs: Otto Pniower hat in seiner Studie von 1929 eine Art ‚neutralen' Komparativ bei Goethe ausgemacht und ihn so benannt, „weil er zwar der Form nach ein Komparativ, dem Sinne nach aber ein gemilderter Positiv ist", ja er würde „nicht einen höheren Grad der Eigenschaft" bezeichnen, sondern „einen gewissen, unbestimmten".[17] Und dabei liegt eine adverbielle oder auch adjektivische Kombination eines Positivs und eines Komparativs vor, so im Gedicht *An Julien. Zur Dresdner Reise*: „*Ein* guter Geist ist schon genug,/ Du gehst zu hundert Geistern,/ Vorüber wandelt Dir ein Zug/ Von großen, größern Meistern" (WA I.4, S. 37). Am bekanntesten ist der Beginn von Fausts Monolog nach seiner Blendung durch die Sorge: „Die Nacht scheint tiefer tief hereinzudringen" (*Faust II*, V. 11499).

Wo auch immer – und dafür hat sich der Positivismus am meisten interessiert – ein solches Verfahren herkommt, ob aus der griechischen oder römischen Literatur, durch die Vermittlung von Voss oder Klopstock, entscheidend ist das Gleichgewicht, der Ausgleich zwischen

[17] Pniower: *Steigerungen*, a.a.O., S. 195, S. 194.

Positiv und Komparativ, die einander hier wechselseitig stabilisieren und wieder in Frage stellen. Ein dynamischer Vergleich sozusagen, ein „neutraler“ Komparativ nach den Worten von Pniower, und in einer Äußerung von Klopstock ein Verfahren sprachlicher Bescheidenheit:

> Ich liebe ihn deswegen so, weil er so sehr begriffsmäßig und bezeichnend ist und gewissermaßen noch etwas Bescheidenheit an sich hat. Ich hebe eine Sache dadurch vor andern heraus, aber doch nicht vor allen und überlasse es dem Leser, da ich die verglichenen Individua nicht nenne, wie vielen er die Sache vorziehen, welchen Grad des Vorzugs er ihr geben will. Insofern sagt er nicht einmal so viel, als der simple Positiv sagen würde. Z. B. Gamaliel der Weise. Da hab ich's festgesetzt, was er ist und wie sehr er's ist. Aber Gamaliel der Weisere. Da hat der Leser die Wahl, ob er ihn nun für weiser als Kaiphas und Philo oder als das ganze Synedrium oder selbst als Nikodemum halten will.[18]

[18] Ebd., S. 195.

# 8 *Alternativen: Das Buch der Bücher*

Für den Ausdruck superlativischer Steigerungen steht nicht nur die Höchststufe der Adjektive zur Verfügung. Die Rhetorik stellt die Figur des Polyptotons bereit, wenn dasselbe Wort im unterschiedlichen Kasus zweimal gebraucht wird, was bei Goethe in Verbindung mit einem Superlativ eingesetzt wird. In der *Elegie* von Marienbad aus dem September 1823 wird die Geliebte in diesem Sinne apostrophiert (V. 41f.): „So sahst du sie in frohem Tanze walten/ Die lieblichste der lieblichsten Gestalten" (WA I.3, S. 22). Das Relative des Superlativs wird in ein Absolutes umgemünzt, wie es auch in der Kombination eines Komparativs mit einem Superlativ begegnen kann, so in der Gedichtüberschrift *Höheres und Höchstes* (WA I.6, S. 264-266) oder in der Wendung „schöner als der schönste Tag" aus den *Chinesisch-deutschen Jahres- und Tageszeiten* (WA I.4, S. 113). In solchen lyrischen Formeln entzieht sich der Superlativ gerade jeder Vergleichbarkeit, er rückt in die Nähe des Elativs.

Die für die Bibel einschlägige Wiederholung des Nominativs im Genitiv – das Buch der Bücher, das Lied der Lieder (für das „Hohelied" Salomos) – ist unterschiedlich beschrieben worden. Gerd Schäfer hat diese Wiederholung des Wortstammes als „paronomastischen Intensitätsgenitiv" erfasst und auf den ersten Brief des Apostels Paulus an Timotheus verwiesen, wo in V. 6,15 vom „König aller Könige und Herr[n] aller Herren" die Rede ist.[1] Dieselbe Wendung begegnet in der *Offenbarung* des Johannes, V. 17,14 und V. 19,16.

Auf diese Passage bezieht sich der poeta doctus der lateinamerikanischen Literatur, Jorge Luis Borges (1899-1986), der im Jahr 1975 einen Band mit Texten zur Weltliteratur unter dem Titel *Prólogos/ Vorworte* herausbrachte. Das einleitende „Vorwort der Vorworte" lässt er folgendermaßen beginnen: „Man muß wohl nicht erklären, daß Vorwort der Vorworte kein hebräischer Superlativ nach Art von Lied der Lieder,

1 Gerd Schäfer: *König der Könige – Lied der Lieder. Studien zum paronomastischen Intensitätsgenitiv*, Heidelberger Akademie der Wissenschaften 1974.

Nacht der Nächte oder König der Könige ist. Es handelt sich schlicht um eine Seite zur Einführung der verstreuten Vorworte […]".[2] Zwar lässt sich der linguistische Terminus eines hebräischen Superlativs wohl nicht weiter belegen, er scheint aber eine Reaktion auf die Adjektivarmut des Hebräischen, das dann offenbar alternative Formen der Steigerung ausgebildet hat. Fritz Mauthner hat in seinem schon zitierten *Wörterbuch der Philosophie* dafür argumentiert, die semitischen Sprachen hätten „keinen richtigen Komparativ und keinen Superlativ": „Im Hebräischen ist der Superlativ gar nicht auszudrücken. Im Hebräischen hätte die Frage gar nicht aufgeworfen werden können, ob die Welt, die Jehova geschaffen hatte, die beste aller möglichen Welten sei oder nicht".[3] Für Goethe spielen Formeln wie das Buch der Bücher durchaus eine Rolle, vor allem im Umkreis des *West-östlichen Divan*, etwa wenn er das Schweißtuch der Veronika als „das Tuch der Tücher" bezeichnet (WA I.6, S. 34). Die *Noten und Abhandlungen zu besserem Verständniß* des *Divan* beginnen mit einem kleinen Kapitel „Hebräer", denn wo von orientalischer Poesie die Rede ist, da sei es „nothwendig, der Bibel, als der ältesten Sammlung, zu gedenken" (WA I.7, S. 7). In *Dichtung und Wahrheit* wird die Leidensgeschichte Christi als das „Drama der Dramen" beschrieben (WA I.29, S. 141). Goethe wählt das Buch *Ruth* als „das lieblichste kleine Ganze" (ebd.) aus, um abschließend selbst in biblischer Überbietung auf den dynamisch-offenen Charakter aller dieser Beschreibungen zu verweisen: „Und so dürfte Buch für Buch das Buch aller Bücher darthun, daß es uns deßhalb gegeben sei, damit wir uns daran, wie an einer zweiten Welt, versuchen, uns daran verirren, aufklären und ausbilden mögen" (WA I.7, S. 9). Im Gedicht *Lesebuch* aus dem *Buch der Liebe* im *Divan* kombiniert Goethe wiederum bezeichnend den traditionellen mit dem einmal sogenannten hebräischen Superlativ, vor allem aber mit dem Lebensprinzip der Liebe: „Wunderlichstes Buch der Bücher/ Ist das Buch der Liebe" (WA I.6, S. 51). Linien sprachlicher und kultureller Steigerung werden herbeizitiert, um das vielgestaltige „Buch der Liebe" zu charakterisieren. So ist es nicht verwunderlich, dass ein im Namen Suleikas geschriebenes Liebesgedicht als eine ‚kohobierte' Essenz dieser Spuren angelegt ist.

[2] Jorge Luis Borges: *Werke*, 20 Bde., hg. von Gisbert Haefs und Fritz Arnold, Bd. 18: *Persönliche Bibliothek*, Frankfurt am Main 1995, S. 11.

[3] Mauthner: *Wörterbuch*, a.a.O., S. 461.

Nimmer will ich dich verlieren!
Liebe gibt der Liebe Kraft.
Magst du meine Jugend zieren
Mit gewalt'ger Leidenschaft.
Ach! wie schmeichelt's meinem Triebe,
Wenn man meinen Dichter preis't.
Denn das Leben ist die Liebe
Und des Lebens Leben Geist. (WA I.6, S. 169)

Es handelt sich um die beiden Schlussstrophen des am 30. September 1815 geschriebenen Gedichtes *Locken, haltet mich gefangen*, sie werden aber im *Neuen Divan* (1827) sowie in der Ausgabe letzter Hand (und darin folgte ihnen die Weimarer Ausgabe) als zwei Gedichte gedruckt.[4] Für den hier relevanten Zweck sind nur die beiden Schlussverse entscheidend – eine Triade von Leben, Liebe und Geist, die die entscheidenden Dimensionen der superlativischen Denkfigur aufruft: Dass sie als Lebensprinzip der Kreativität der Liebe folgt, ist als ein natürlicher Superlativ zu beschreiben. Dass aber in dieser Verbindung ein Geistprinzip, d. h. eine spirituelle Steigerung, mitangelegt ist, spielt besonders in den Erörterungen des *Divan* eine große Rolle: Eben unter der Überschrift „Allgemeinstes" verhandelt Goethe den „höchste[n] Charakter orientalischer Dichtkunst", nämlich das, „was wir Deutsche *Geist* nennen, das Vorwaltende des oberen Leitenden" (WA I.7, S. 76). Diese Form des Geistigen, als „Übersicht des Weltwesens", prägt den Superlativ, der sich als ein Medium des „oberen Leitenden" über das (bloß) Positive – im Sinne eines einfach Gegebenen – hinwegsetzt. Insofern besteht eine Verbindung zu dem, was Goethe „Ironie" nennt, die er neben die „Übersicht des Weltwesens" stellt (WA I.7, S. 76) und in einem Brief einmal so charakterisiert:

[4] Vgl. WA I.6, S. 168 und S. 421. FA I.3,1, S. 38 und S. 88; vgl. auch die Münchner Ausgabe: *J.W. Goethe, Sämtliche Werke nach Epochen seines Schaffens*, hg. von Karl Richter, München, Wien 1998, Bd. 11.1.2, S. 79f. und S. 623-625; ferner zu den Handschriften: Anke Bosse: *Meine Schatzkammer füllt sich täglich... Die Nachlaßstücke zu Goethes ‚West-östlichem Divan'*, Dokumentation, Kommentar, 2 Bde., Göttingen 1999, Bd. 2, S. 635-642.

> Der Mensch gesteht überall Probleme zu und kann doch keines ruhen und liegen lassen; und dieß ist auch ganz recht, denn sonst würde die Forschung aufhören; aber mit dem Positiven muß man es nicht so ernsthaft nehmen, sondern sich durch Ironie darüber erheben und ihm dadurch die Eigenschaft des Problems erhalten; denn sonst wird man bey jedem geschichtlichen Rückblick confus und ärgerlich über sich selbst. (WA IV.41, S. 169)

Der Superlativ und die Ironie wären demnach analoge Verfahren einer vergeistigten Erhebung über das Positive, dem eben dadurch, von einem „oberen Leitenden“ aus, die „Eigenschaft des Problems“ erhalten wird. Sodass man auch sagen kann, der Umgang mit den Stufen des Positivs und des Komparativs wäre in Goethes Diktion alles andere als naiv.

Dazu greifen wir einmal tief in die Ur- und Frühgeschichte der Goetheforschung zurück, rufen wir Otto Pniowers Studie *Steigerungen von Adjektiven und Adverbien bei Goethe* aus dem *Euphorion* von 1929 aus dem Orkus zurück. Der Gelehrte beschäftigt sich dort mit einer imposanten Fülle an Zitaten,[5] in denen Goethe „Positiv und Komparativ“ adverbiell oder adjektivisch kombiniert, in der *Iphigenie* etwa: „wo/ Sich Mitgeborne spielend fest und fester/ Mit sanften Banden an einander knüpften“ (V. 20-22), „Mein eigen Schicksal macht mir bang und bänger“ (V. 1691). Oder in *Torquato Tasso*: „nichts/ Kann mir die Lust entreißen, schlimm und schlimmer/ Von ihm zu denken“ (V. 2351-2353), bzw. „Und fühlte so mich stets im Augenblick,/ Wenn ich mich nahen wollte, fern und ferner“ (V. 916f.). Pniowers stupenderen Einblick in die Goethetexte sind auch Kombinationen wie „Komparativ und Komparativ“ nicht entgangen, etwa wenn es in einem Brief an Lavater heißt, er werde sich durch diese Äußerungen den „Freunden und Liebsten immer näher und näher“ bringen (WA IV.5, S. 146), oder in der Sorge-Szene nach der Blendung Fausts: „Die Nacht scheint tiefer tief hereinzudringen“ (*Faust II*, V. 11499) der Komparativ vor dem Positiv zu stehen kommt. Wichtiger ist freilich die Auswertung des Befundes – Pniower spricht von einem „neutralen“ Komparativ, wie er von Klopstock praktiziert wird, der unbestimmter und „gemilderter“ als der Positiv ist, etwa wie man von einem „engeren Kreis“ oder „höheren Ständen“ spricht.[6] Belege und Beobachtungen der Wiederholung von Komparativen – im *Faust II*, V.

5 Pniower: *Steigerungen*, a.a.O., S. 189-199.

6 Ebd., S. 194f.

6855f.: „Es wird! Die Masse regt sich klarer,/ Die Überzeugung wahrer, wahrer“ – werden schließlich als emphatische Möglichkeit klassifiziert, die von Goethe immer wieder beklagten Grenzen und Unzulänglichkeiten der Sprache auszugleichen.[7] Bleiben wir noch kurz bei dieser Heldenschau einer längst versunkenen Goethephilologie, dann ist der große Stilforscher Leo Spitzer aufzurufen,[8] der im Jahr nach Pniower dessen Darstellung aufgriff und in eine andere Richtung bewegte. Spitzer charakterisiert die Arbeit des Vorgängers ironisch als „Materialsammlung“, um nun seinerseits die „psychologische Radix“ des Goetheschen Steigerungstypus zu prüfen.[9] Spitzer erkennt bei Goethe ein Moment der Bewegung, „wir sehen vor uns ein Anwachsen und sich Steigern“, eine Dynamik, die er als eine letztlich impressionistische erklärt: „Die Ausdrucksweise ist eine impressionistisch malende, die sich nicht mit verstandesmäßiger Nennung des betr. Begriffs begnügt, sondern ihn vor uns *erzeugt*“.[10] Hier, um diesen Abstecher in die Vergangenheit abzuschließen, könnte man anknüpfen, ohne indes den Superlativ psychologisch zu erklären oder literaturgeschichtlich/stilistisch zu definieren. Das Moment der Beweglichkeit, der vor unseren Augen sich abspielenden Kreativität, ist indes sicherlich essentiell, wenn es um Goethes höchst eigenwillige Ästhetik des Superlativs geht: Sie ist, in unterschiedlichen Gestaltungen, nicht auf eine bloße Überbietung, auf Triumphalismus angelegt – das wäre die traurige wilhelminische Variante! –, sondern auf Fortführung, auf eine Dynamik der Steigerung.

Steigerungen zum ‚Höchsten‘, superlativische Denk- und Sprachfiguren einer ‚Elevation‘ waren Goethe freilich schon aus der Begegnung mit dem Pietismus bekannt. Im 8. Buch von *Dichtung und Wahrheit* ist ausdrücklich von der besonderen „Terminologie“ (WA I.27,

[7] Ebd., S. 199. Zu Goethes Sprachauffassung und Sprachskepsis vgl. Walter Strolz: *Goethes verdeckte Sprachphilosophie*, in: *Jahrbuch FDH* (1981), S. 1-86. – Josef Simon: *Goethes Sprachansicht*, in: *Jahrbuch FDH* (1990), S. 1-27. – Andrea Bartl: *Goethe und die „Unzulänglichkeit der Sprache“*, in: Dies.: *Im Anfang war der Zweifel. Zur Sprachskepsis in der deutschen Literatur um 1800*, Tübingen 2005, S. 101-183.

[8] Marcel Lepper hat zuletzt Spitzers Vorgehen fruchtbar gemacht, in: Marcel Lepper: *Goethes Euphrat. Philologie und Politik im ‚West-östlichen Divan‘*, Göttingen 2016, S. 11f.

[9] Spitzer: *Steigerungen*, a.a.O., S. 308f.

[10] Ebd., S. 309.

S. 200) dieser Erweckungsbewegung die Rede, die ihm wesentlich durch Susanna von Klettenberg (1723-1774), eine entfernte Verwandte mütterlicherseits, vermittelt worden ist. August Langen hat in einer immer wieder genutzten Studie den Wortschatz der Pietisten analysiert und gruppiert, und viele der beliebten Formeln vom „aufwärts-fliegen, –führen, –jagen, –steigen, –treiben, –wallen", vom „hinauf-dringen, –erheben, –fahren, –fliegen, –reisen, –rücken, –schwingen, –steigen" bezeugen eine Tendenz, die für Goethes Sprache prägend gewesen ist. Das „Überselig ist die Nacht" aus dem ersten der beiden Dornburger Gedichte von 1828 (WA I.4, S. 108) ist seinerseits Zeichen einer pietistisch grundierten Überbietungs- und Steigerungssprache, die dann im Superlativ eine säkularisiertere Bahn gefunden hat.[11]

[11] August Langen: *Der Wortschatz des deutschen Pietismus*, Tübingen $^{2}$1968. Vgl. ferner: *Goethe und der Pietismus*, hg. von Hans-Georg Kemper und Hans Schneider, Tübingen 2001.

# 9 *Steigerung: Der natürliche Superlativ*

Entgegen allen Verdächtigungen, der exzessive Superlativ in Goethes Texten wirke unnatürlich oder geschraubt, kurial oder skurril, lässt sich die Beobachtung ins Feld führen, dass diese Sprachform nichts Anderes sei als ein Spiegel natürlicher Vorgänge. Vielfach begegnet in den naturwissenschaftlichen Arbeiten die Vorstellung einer letzten Steigerung, einer Intensivierung natürlicher Prozesse, die gerade erst durch diese Entwicklung ins ,Höchste' ihre Lebendigkeit unter Beweis stellen.

Der auf Herbst 1831 datierte Aufsatz *Über die Spiral-Tendenz der Vegetation* ist eine Fortführung der *Metamorphosen*-Lehre und zugleich eine Studie über den Ausgleich, ja die Höherentwicklung einander widerstreitender Kräfte. Das „vertical- so wie das spiralstrebende System" werden nicht nur als „offenbarer Gegensatz" gedeutet, sondern als Kräfte eines männlichen und weiblichen Prinzips, die in ihrer Verbindung erst das Lebensprinzip der Pflanze garantieren (WA II.7, S. 67f.). Goethe wendet diese Beobachtungen am Ende „in's Allgemeinste" (WA II.7, S. 67), um so eine Art Modell natürlicher Steigerung vor Augen zu stellen, das symbolisch die gesamte Ordnung vertreten kann. Sie ist auf die Wechselseitigkeit von Gegensatz und Vervollkommnung, von Polarität und Steigerung angewiesen. Durch die „spirale Tendenz" vollführt die Pflanze ihren Lebensgang und gelangt „zum Abschluß und Vollkommenheit" (WA II.7, S. 38), allerdings nicht aus eigener Kraft, sondern in der Verbindung mit dem polaren Gegensatz des Vertikalen: „Keines der beiden Systeme kann allein gedacht werden, sie sind immer und ewig beisammen; aber im völligen Gleichgewicht bringen sie das Vollkommenste der Vegetation hervor" (WA II.7, S. 39). Die Spiral-Tendenz lässt sich als „Grundgesetz des Lebens" (WA II.7, S. 40) – und diese Formel kann als Statthalter des Goetheschen Superlativs gelten – bis hin zur Ausbildung von Blüte und Frucht verfolgen. Erst in der Steigerung zur Vollkommenheit, wie sie durch die Zeugung neuen Lebens (in der Frucht) beglaubigt wird, erweist sich die Lebendigkeit der Natur, eine Vorstellung, die mit dem ,natürlichen' Superlativ sowie mit

Goethes Anthropologie, ja sogar seiner Ästhetik, eng verknüpft ist. Geht es doch gerade nicht, wie „unseren Vorfahren“, um die Bewunderung der Sparsamkeit in der Natur, wie sie „mit wenigem viel zu leisten geneigt ist“, sondern um ihr verschwenderisches Lebensprinzip, „die einfachsten Anfänge der Erscheinungen durch Steigerung in's Unendliche und Unähnlichste zu vermannichfaltigen“ (WA II.11, S. 165).

Mit einem Terminus der ‚alchymistischen‘ Fachsprache hat Goethe immer wieder den Prozess einer mehrfachen Destillation bezeichnet, der im Gewinn einer Essenz eine letzte, superlativische Qualität erzeugt: In der Laboratorium-Szene aus dem zweiten Akt von *Faust II* ist der ehemalige Famulus Wagner zum modernen Gelehrten aufgestiegen, der – vor dem Hintergrund zeitgenössischer Experimente mit der Harnstoffsynthese[1] – einen künstlichen Menschen zu erzeugen im Begriff ist: „Nun läßt sich wirklich hoffen/ Daß, wenn wir aus viel hundert Stoffen,/ Durch Mischung, denn auf Mischung kommt es an,/ Den Menschenstoff gemächlich komponieren,/ In einen Kolben verlutieren/ Und ihn gehörig kohobieren,/ So ist das Werk im Stillen abgetan“ (V. 6848-6854). Das „Kohobieren“ vertritt bei Goethe die naturwissenschaftliche Dynamik einer Herstellung des Letzten und Höchsten; die innerhalb der *Faust*-Dramaturgie als des Dramas des Superlativs (s.u.) eine besondere Rolle spielt. Die Formel des Kohobierens wird von Goethe in unterschiedlichen Disziplinen angewendet, grundlegend und weitreichend begegnet sie in einer von Riemer aufgezeichneten Aussage vom März 1807:

[1] Vgl. Schönes Kommentar, FA I.7,2, S. 505-508.

24. März 1807
[Goethe:] „Die Formel der Steigerung läßt sich auch im Ästhetischen und Moralischen anwenden.
Die Liebe, wie sie modern erscheint, ist ein Gesteigertes. Es ist nicht mehr das erste einfache Naturbedürfnis und Naturäußerung, sondern ein in sich kohobiertes, gleichsam verdichtetes und so gesteigertes Wesen.
Es ist einfältig, diese Art zu verwerfen, weil sie auch noch einfach existiert und existieren kann.
Wenn man in Küche und Keller ein Gesteigertes sucht und darauf ausgeht, warum soll man nicht auch diesen Genuß für die Darstellung oder für das unmittelbare Empfinden steigern dürfen und können?
Jeder Koch macht auf diese Weise seine Brühen und Saucen appetitlicher, daß er sie in sich kohobiert." (GG II, S. 205)

Entscheidend ist die hier zu beobachtende Engführung von „Steigerung" und „Liebe", in der sich die intensivste Entscheidung der Lebendigkeit als Kern des superlativischen Denkens zeigt. Liebe als „kohobiertes" Wesen ist der Ausdruck der Lebendigkeit und damit die nicht nur metaphorische Frucht von Steigerungsvorgängen der Natur[2]: Immer wieder bezeugt Goethe das Fest der Zeugung als Inbegriff einer Stufenfolge der Natur, so etwa in der „Klassischen Walpurgisnacht" des *Faust II*. „Steigerung" und „Kohobierung" sind daher wahlverwandte Formeln eines superlativen Denkens, das eine Dynamik der Intensivierung, der Essentialisierung und Lebendigkeit betreibt, die freilich nicht in den Vokabeln des Superlativs an ihr Ziel kommt, sondern diese einsetzt, um einen fortwährenden wie letztlich unabschließbaren Prozess der Lebendigkeit anzudeuten und sprachlich zu gestalten. „Kohobierung" ist daher nicht nur ein naturwissenschaftliches Instrument, sondern ein Analogon sprachlich-ästhetischer Kunst und anthropologisch-moralischer Existenz, Spiegel des ‚Superlativs' und der ‚Liebe' als Steigerungsfiguren in Sprache und Natur. Ironisch und humoristisch wendet Goethe diese Prozesse in der Äußerung gegenüber Riemer ins Alltägliche, die Bratensauce wird zum „objective correlative" (T. S. Eliot) eines Gedankens, den Goethe weiterentwickelt hat. In einem Briefbericht an Zelter vom 29. Januar 1805 schildert er das Verhalten Ifflands, dem er die Neubearbeitung des *Götz von Berlichingen* schon länger mitgeteilt hatte: „Es ist nun aber seine

2 Dazu Olaf Breidbach: *Goethes Naturverständnis*, München 2011. - Hartmut Böhme: *Natur und Figur. Goethe im Kontext*, München 2016.

Manier, in solchen Fällen stumm zu seyn und das Wesen bey sich zu cohobiren und zu schmoren, bis er es endlich gar genug glaubt, um damit hervorzukommen" (WA IV.17, S. 253). Das Kochen ist eine andere Form der Vergeistigung, der Superlativ der Spiritualität und ihrer Spiraltendenzen wird als ein Einkochen der Eigentümlichkeit beschrieben. Noch in Goethes letztem Brief, wenige Tage vor dem Tod an Wilhelm von Humboldt gerichtet, heißt es:

> Verwirrende Lehre zu verwirrtem Handel wandelt über die Welt, und ich habe nichts angelegentlicher zu thun als dasjenige was an mir ist und geblieben ist wo möglich zu steigern und meine Eigenthümlichkeiten zu cohobiren, wie Sie es, würdiger Freund, auf Ihrer Burg ja auch bewerkstelligen. (WA IV.49, S. 283)

Der Superlativ als Steigerung der Eigentümlichkeiten: Dadurch gewinnt ein als stilistische Extravaganz völlig unterschätztes Verfahren sprachlicher Darstellung seine auf Unabschließbarkeit ausgerichtete Dynamik wie auch seine Kreativität, die zwischen der Sprache, der Liebe und der Natur vermittelt. So kann denn auch das Kohobieren als eine Werkstrategie der eigenen Arbeit erscheinen, als künstlerischer Reifungs- und Kondensierungsprozess, der der gleichsam vom Unwesentlichen gereinigten Endstufe zuarbeitet, wenn Schiller am 22. Juni 1797 zu lesen bekommt: „Das interessante meines neuen epischen Plans geht vielleicht auch in einem solchen Reim- und Strophendunst in die Luft, wir wollen es noch ein wenig cohobiren lassen" (WA IV.12, S. 168).

Die Liebe als „gleichsam verdichtetes und so gesteigertes Wesen", wie es in der Äußerung gegenüber Riemer heißt, bildet zweifellos den Angelpunkt der Goetheschen Anthropologie, aber auch der Ästhetik und Theologie, die man mit seinem Werk in Verbindung bringen kann. Das schon 1772 im *Brief des Pastors* bekundete Wort, „daß Gott und Liebe Synonymen sind" (WA I.37, S. 156), behält seine Gültigkeit bis zum Schluss des *Faust II*, und es bewahrheitet sich für das Goethesche Denken sowohl im Durchgang durch die Philosophie Spinozas wie auch durch die naturwissenschaftlichen Bemühungen.[3] Ein entscheidendes Argument in dieser Gott-Ähnlichkeit und Wahrhaftigkeit der Natur ist ihre

[3] Vgl. Martin Bollacher: *Der junge Goethe und Spinoza. Studien zur Geschichte des Spinozismus in der Epoche des Sturm und Drang*, Tübingen 1969.

unbegrenzbare Kreativität, sodass die Hervorbringung neuen Lebens als Zentrum naturwissenschaftlicher, sozialer und ethischer Vorgänge erfasst – und ästhetisch gespiegelt werden kann. Der Superlativ bietet sich als ‚bewegliche Ordnung' einer vieldimensionalen Denkfigur an, denn er erlaubt gebündelt den Ausdruck der Steigerungsvorgänge unterschiedlicher Welt-Gegenden. Wenn das alchymistische Kohobieren als Steigerung der Liebe erscheinen kann, ist die Liebe selbst als Grundgesetz, als Lebensprinzip der Natur aufgerufen.

Man würde es vielleicht nicht erwarten, dass Goethe ausgerechnet in einer autobiographischen Gelegenheitsschrift, nämlich der *Campagne in Frankreich* im Jahr 1792, einen komplexen Gedanken über den Zusammenhang von Schönheit, Lebendigkeit und Kreativität entwickelt hat. Doch wo er sich mit dem platonisierenden Gedankengut von Franz Hemsterhuis (1721-1790) im Umkreis der Fürstin Gallitzin[4] befasst, entwickelt er eine sehr bedenkenswerte Definition der „höchsten Thätigkeit", mit der er sich den philosophischen Ideengang in seine eigene Sprache übersetzte: „das Schöne sei, wenn wir das gesetzmäßig Lebendige in seiner größten Thätigkeit und Vollkommenheit schauen, wodurch wir zur Reproduction gereizt uns gleichfalls lebendig und in höchste Thätigkeit versetzt fühlen" (WA I.34, S. 234).[5]

Davon ist das Menschenbild in erster Linie geprägt, aber auch die Einordnung in den Naturzusammenhang und die Folgen für die Ästhetik. Einmal mehr erweist sich der Superlativ als Schnittstelle ethischer, naturwissenschaftlicher und ästhetischer Formationen. Eines der prominentesten Foren einer solchen Diskussion ist die Schrift über *Winckelmann* von 1805, als Denkmal eines grausam abgebrochenen Lebens und Wirkens, das gerade deshalb in seiner inneren Teleologie

4 Nicholas Boyle: *Goethe. Der Dichter in seiner Zeit*, Bd. II: *1790-1803*, München 1999, S. 183-187.

5 Es ist wohl kein Zufall, dass sich im Licht einer solchen platonisierenden Formel auch eine gewisse Verwandtschaft mit Hölderlin erkennen lässt, wenn er etwa in seiner Kurzode *Sokrates und Alcibiades* den Vers riskiert: „Wer das Tiefste gedacht, liebt das Lebendigste", mit dem er die platonische Nähe von Erkenntnis und Erotik spiegelt. Friedrich Hölderlin: *Sämtliche Gedichte*, hg. von Jochen Schmidt, Frankfurt am Main 2005, S. 205. – Vgl. Hiroshi Hatakeyama: *Der Superlativ als Formprinzip in Hölderlins späten Gedichten*, in: *Neue Beiträge zur Germanistik*, Bd. 5, H. 4 (2006), S. 222-235.

gewürdigt werden sollte. Besonders der für Winckelmanns Arbeit charakteristische Abschnitt zur „Antike“ entwirft eine Vision griechischer Vollkommenheit, durch die „das Weltall, wenn es sich selbst empfinden könnte, als an sein Ziel gelangt aufjauchzen und den Gipfel des eigenen Werdens und Wesens bewundern“ würde (WA I.46, S. 22). Das Imaginäre einer solchen Zielvorstellung wird durch den konjunktivischen Vorbehalt signalisiert, denn die Erreichbarkeit eines Ziels würde die lebendige Dynamik ja zu einem Stillstand verleiten, sodass solche Steigerungen als unendliche Prozesse oder nur augenblickshafte, instabile Erfüllungen angelegt sein können, wodurch der Höhepunkt der Steigerung ein ebenso utopisches wie tragisches Moment umfasst. Im Abschnitt über die „Schönheit“ wird daher diese durch und durch fragile, aber darin kostbare Steigerung des natürlichen Lebens formuliert – und dann im Hinblick auf ihre mögliche Stabilisierung in der Kunst reflektiert:

> das letzte Product der sich immer steigernden Natur ist der schöne Mensch. Zwar kann sie ihn nur selten hervorbringen, weil ihren Ideen gar viele Bedingungen widerstreben, und selbst ihrer Allmacht ist es unmöglich, lange im Vollkommenen zu verweilen und dem hervorgebrachten Schönen eine Dauer zu geben. (WA I.46, S. 28f.)

Die gesteigerte Lebendigkeit ist als eine nur momentane letztlich tragisch strukturiert, der Superlativ nur als Andeutung eines Äußersten möglich, das nicht mit natürlichen Mitteln stabilisiert werden kann: „Denn genau genommen kann man sagen, es sei nur ein Augenblick, in welchem der schöne Mensch schön sei“ (WA I.46, S. 29). Nur die Kunst, indem sie sich aus der Natur zurückzieht und eine bloß „ideale Wirklichkeit“ entwirft, findet die Möglichkeit, den Menschen über sich selbst zu erheben und ihn zu vergöttern „für die Gegenwart, in der das Vergangene und Künftige begriffen ist“ (WA I.46, S. 29). Der natürliche Superlativ in seiner Vergänglichkeit findet seine Verewigung im Superlativ der Kunst, der freilich der Lebendigkeit entbehrt.

Den Preis dieser Lebendigkeit hat Goethe in einer anderen Programmschrift der Klassik schon früher formuliert, in *Diderot's Versuch über die Mahlerei* von 1798, in der eben diese Differenz von Natur und Kunst mit programmatischer Schärfe entwickelt wird. Im Unterschied zu Diderot geht Goethe von der strikten Unterscheidung beider Bereiche aus, mit erheblichen Folgen für die Möglichkeiten der ‚Schönheit‘: „Die Natur organisirt ein lebendiges gleichgültiges Wesen, der Künstler ein todtes, aber ein bedeutendes" (WA I.45, S. 254). Die Schönheit der Natur kann in der Kunst ihre dauerhafte, aber eben nicht mehr lebendige Darstellung finden, weshalb die für Goethes Ästhetik grundlegende Differenz von Naturwirklichkeit und Kunstwahrheit respektiert werden muss, wobei zur Wahrhaftigkeit/Wahrscheinlichkeit des Ästhetischen gerade die Scheinbarkeit gehört. Der natürliche Superlativ der menschlichen Schönheit, als Steigerung der Natur, ist dort daher nicht stabilisierbar, sondern ausschließlich in der Kunst:

> Nur äußerst kurze Zeit kann der menschliche Körper schön genannt werden [...]. Der Augenblick der Pubertät ist für beide Geschlechter der Augenblick, in welchem die Gestalt der höchsten Schönheit fähig ist; aber man darf wohl sagen: es ist nur ein Augenblick! Die Begattung und Fortpflanzung kostet dem Schmetterlinge das Leben, dem Menschen die Schönheit, und hier liegt einer der größten Vortheile der Kunst, daß sie dasjenige dichterisch bilden darf, was der Natur unmöglich ist, wirklich aufzustellen. (WA I.45, S. 268)

Vom Liebestod des Schmetterlings, der „des Lichts begierig" in der Flamme umkommt, spricht das Gedicht *Selige Sehnsucht* aus dem Jahr 1814, eines der wichtigsten Gedichte aus dem *West-östlichen Divan*, freilich in einem Vergleich, der auf Verse des persischen Dichters Hafis zurückgeht. In dem Gedicht *Sad I*, das Goethe in der Übersetzung Hammer-Purgstalls kennengelernt hatte, war von der brennenden Seele die Rede gewesen: „Bis du nicht wie Schmetterlinge/ Aus Begier verbrennest,/ Kannst du nimmer Rettung finden/ Von dem Gram der Liebe".[6] Goethe gestaltet aus dieser Vorlage eines der bedeutendsten Liebesgedichte, für das zunächst die Titelvarianten *Selbstopfer* und dann *Vollendung* vorgesehen waren. So sehr dabei mystische und religiöse Grenzerfahrungen eine Rolle spielen – und die Deutungsgeschichte des Gedichtes begleitet haben –, es lässt sich zweifellos als Vision einer Steigerung, einer Dynamik von Verschmelzung und Auflösung beschreiben, die zu einem Augenblick der Ekstase führt: Die ‚Vollendung' der Liebe führt zum Opfer der Existenz, das vielbestaunte „Stirb und werde" ist Ausdruck jener natürlichen Steigerung, in der Zeugung und Tod austauschbar werden. Ein Gedicht mithin, das den Superlativ einer natürlichen Steigerung als Prozess einer Liebe vor Augen führt:

6 Goethe: *Sämtliche Werke* (Münchner Ausgabe), a.a.O., Bd. 11.1.2, S. 467.

*Selige Sehnsucht*

Sagt es niemand, nur den Weisen,
Weil die Menge gleich verhöhnet,
Das Lebend'ge will ich preisen
Das nach Flammentod sich sehnet.

In der Liebesnächte Kühlung,
Die dich zeugte, wo du zeugtest,
Überfällt dich fremde Fühlung
Wenn die stille Kerze leuchtet.

Nicht mehr bleibest du umfangen
In der Finsterniß Beschattung,
Und dich reißet neu Verlangen
Auf zu höherer Begattung.

Keine Ferne macht dich schwierig,
Kommst geflogen und gebannt,
Und zuletzt, des Lichts begierig,
Bist du Schmetterling verbrannt.

Und so lang du das nicht hast,
Dieses: Stirb und werde!
Bist du nur ein trüber Gast
Auf der dunklen Erde. (WA I.6, S. 28)

Der Text bedarf nicht der stilistischen Versicherung durch den oder einen Superlativ, es vollzieht ihn geradezu als paradoxe Verbindung von Lebendigkeit und Flammentod, die deshalb etwas Besonderes, etwas Außerordentliches vertritt, das „die Menge gleich verhöhnet". Die „höhere Begattung" (in V. 12) induziert bereits die Steigerung zu einer ‚geheimsten' Wissensstufe, in der Hingabe und Selbstverlust ununterscheidbar geworden sind. So ist das vieldiskutierte Gedicht gerade Beleg dafür, dass der Superlativ weit mehr als ein Stilphänomen oder eine bloße Sprachfigur für Goethe ist, hier wird ein Superlativ ins Gedicht übersetzt und lässt ihn zur Denkfigur werden, die zwischen Naturwissenschaft, Religion und Ästhetik vermittelt.

Der Vorgang der Zeugung, als Mittelpunkt des Gedichtes erkennbar, ist in Goethes gleichsam natürlicher Theologie, wie sie in Spinozas

Formel „deus sive natura“ begegnet, als ‚Gott-Natur‘, der Inbegriff, ja der Superlativ der Lebendigkeit. Immer wieder belegt Goethe diesen Gedanken als ein Grundgesetz jener ‚Morphologie‘ oder Gestaltenlehre, indem er feststellt: „An allen Körpern, die wir lebendig nennen, bemerken wir die Kraft, ihres gleichen hervorzubringen“ (WA II.6, S. 361), heißt es in den Aphorismen zur Morphologie; oder in den Vorarbeiten dazu: „Wir nennen lebendig, was vor unseren Sinnen die Kraft äussert, seines gleichen hervorzubringen“ (WA II.7, S. 8). Und schon in einem Notizheft aus dem Jahr 1788 hält Goethe fest, erst die Sexualität statte ein Wesen mit Leben aus und mache es dadurch „vollendet“.[7] Vollendung und Steigerung sind dabei analoge Vorstellungen, die es erlauben, „Fortpflanzung durch zwei Geschlechter“ als „Gipfel der Natur“ gleichsam superlativisch zu beschreiben (WA II.6, S. 26f.). Der „höchste Punct organischer Thätigkeit“ heißt es dazu weiter, findet sich dort, wo „Individuen durch Zeugung und Geburt aus dem organischen Ganzen“ sich absondern und ablösen (WA II.6, S. 305). Das „Geheimniß der Fortpflanzung“, so wird Goethe nicht müde zu betonen, muss man sich „als des wichtigsten Ereignisses“ bewusst machen (WA II.8, S. 76).

Liest man vor diesem Hintergrund den Aphorismus, den Goethe in *Kunst und Altertum* 1822 (I,4) veröffentlicht hat, noch einmal, kommt es einem fast verwunderlich vor, dass der Superlativ, von dem gleich die Rede zu Beginn ist, eine Form der Sprache und nicht der Natur-Religion sein soll: „Das Höchste“, formuliert Goethe an dieser Stelle,

> was wir von Gott und der Natur erhalten haben, ist das Leben, die rotirende Bewegung der Monas um sich selbst, welche weder Rast noch Ruhe kennt; der Trieb das Leben zu hegen und zu pflegen ist einem jeden unverwüstlich eingeboren, die Eigenthümlichkeit desselben jedoch bleibt uns und andern ein Geheimniß. (WA II.6, S. 216)

Im Anschluss an die wohl durch Schelling vermittelte Monadenvorstellung kommt hier eine Ursubstanz der Lebendigkeit in den Blick, die nur als Steigerung der Natur vorstellbar und als ein natürlicher Superlativ möglich ist.

7 *Ein Notizheft Goethes von 1788*, hg. von Liselotte Blumenthal, Weimar 1965, S. XVIII/30.

# 10 Vergeistigung: Der Weg in den Weltraum

Die natürlichen Spiraltendenzen der Goetheschen Texte, ihre Tendenz, sich dem Höheren und Höchsten zuzuwenden, führen zu einer superlativischen Deutung des Raumes. Es sind dabei nicht weltlose, überirdische Sphären einer himmlischen Entrückung, die im Blick stehen, sondern Strömungen und Bewegungen, die vom Hier und Jetzt ausgehen, aber es in einer Tendenz der Steigerung, gleichsam nach oben öffnen, als Apotheosen und Himmelfahrten, denen die Bodenhaftung erhalten bleibt. Man kann Goethes Superlative auch technikgeschichtlich verankern. „Von Luftballonen haben Sie neuerer Zeit viel gehört", heißt es im Lauchstädter Vorspiel *Was wir bringen*: „Herren und Frauen sind damit aufgestiegen. Ferner aus älteren Zeiten ist die wahrhafte Geschichte von Fausts Mantel jedem bekannt" (WA I.13,1, S. 61f.). Daran knüpft Mephistos Aufbruch mit Faust am Ende der Studierzimmer-Szene an – „Ein Bißchen Feuerluft, die ich bereiten werde,/ Hebt uns behend von dieser Erde" (*Faust I*, V. 2069f., FA I.7,1, S. 88). Seinen Schwindel und die Höhenangst hat Goethe schon früh erkannt und zu therapieren versucht, etwa durch die Besteigung der obersten Etage des Straßburger Münsters: „Es ist völlig als wenn man sich auf einer Montgolfiere in die Luft erhoben sähe" (WA I.27, S. 257). Vermutlich gilt den Brüdern Montgolfier das folgende *Rätsel*-Gedicht:

> Viel Männer sind hoch zu verehren,
> Wohlthätige durch Werk und Lehren;
> Doch wer uns zu erstatten wagt,
> Was die Natur uns ganz versagt,
> Den darf ich wohl den größten nennen:
> Ich denke doch, ihr müßt ihn kennen? (WA I.2, S. 156)

Wo sich das „hoch" zu Verehrende ins „Größte" steigert, setzt die Phantasie der Goetheschen Texte immer wieder an, von Ganymeds „Hinauf! Hinauf strebt's" (WA I.2, S. 79) bis hin zu den „Luftfahrern", die aus dem kalten Norden in die Klassische Walpurgisnacht einfliegen

(*Faust II*, nach V. 7039), ist Goethe immer wieder vom Versuch und der Bemühung fasziniert, „was die Natur uns ganz versagt", das Fliegen, zu erproben. In seinem Drama des Superlativs, dem *Faust*, sind nicht nur der Kunstkörper des Homunkulus und die teuflischen Zauberkräfte der Fausttradition in den Lüften unterwegs: Auch Euphorion, das Kind von Faust und Helena, ist, in einer Umschreibung der Ikarus-Mythe, kaum im Irdischen zu halten. Auf sein emphatisches „Nun laßt mich hüpfen,/ Nun laßt mich springen,/ Zu allen Lüften/ Hinauf zu dringen/ Ist mir Begierde/ Sie faßt mich schon" (*Faust II*, V. 9711-9716), reagieren die ängstlichen Eltern mit der Mahnung zur Vorsicht, – vergeblich: Am Ende, „Immer höher muß ich steigen,/ Immer weiter muß ich schaun" (V. 9821f.), wirft er sich in die Lüfte, um zerschmettert am Boden zu sterben. Das Begehren des ‚Höchsten', wie es Goethe fasziniert und zugleich besorgt an Lord Byron wahrgenommen hat (vgl. Kapitel 6), führt hier zum superlativischen Anspruch, der indes nicht lebbar ist: „man glaubt", so die Regieanweisung, „in dem Toten eine bekannte Gestalt zu erblicken". Der Superlativ ist hier Fanal einer ins Grenzenlose (auf)strebenden Gegenwart, die Goethe mit Skepsis, wenn auch nicht ohne Sympathie verfolgt. Die Figur superlativischer Steigerung indes ist dem menschlichen Ehrgeiz so wenig erreichbar wie das Fliegen. Gerade der *Faust* zeigt in den Anmaßungen des Baccalaureus, des Homunkulus oder auch Euphorions, dass der Weg in den gestirnten Himmel nicht real zu leisten ist. Es sind ernste Scherze, wenn Goethe über einen Ausweg nach oben, einen Aufstieg zu den Sternen nachdenkt, sobald die Lage zu unerfreulich wird. Und dieser Weg ist eng an den Superlativ gekoppelt. In einem Gespräch mit dem Kanzler von Müller am 8. Juni 1821 ist es um das schwierige Verhältnis zu Herder, Wieland und Böttiger gegangen.

> „Inzwischen", setzte er hinzu, – „um das oft gebrauchte Gleichnis, daß wir zu nah aneinander stehende Bäume gewesen, beizubehalten, – wenn jene Verstimmungen mich hinderten an *Ausbreitung*, so trieben sie mich desto mehr in die *Höhe*; ich blieb mir getreu und lebte auf meine Weise." „Und so *war* ich stets und werde es *bleiben*, solange ich lebe, und drüber hinaus hoffe ich auf die *Sterne*; ich habe mir so einige ausersehen, auf denen ich meine Späße noch fortzutreiben gedenke." […] Nein gewiß, wer *so* über die höchsten Anliegen der Menschheit sprechen kann, in dessen Brust muß der Glaube an das *Heiligste* wohnen. (GG III/1, S. 251)

Solche Auswege sind Spiraltendenzen einer Vergeistigung. Aber es gibt Instrumente der Vermittlung, die freilich ihre eigene Problematik haben. Mag man das lebenslange *Faust*-Projekt als Experiment und Versuch superlativischen Begehrens beschreiben, so könnte man das nur wenig knapper umrissene Doppelwerk der *Wilhelm Meister*-Romane als den Weg charakterisieren, sich gerade nicht zu überheben, nicht tragisch zu scheitern, sondern in die Bedingungen des begrenzten Lebens hineinzufinden. Aber der Roman enthält eine Reihe von Stationen, an denen die Grenzen des Irdischen überschritten werden. Eine folgenreiche und bedeutende Szene spielt auf der Sternwarte, im Kapitel I,10 der *Wanderjahre*, wo der im Umkreis Makaries tätige Astronom Wilhelm in „heiterster Nacht“ erwartet (WA I.24, S. 180), „welcher zum erstenmale das hohe Himmelsgewölbe in seiner ganzen Herrlichkeit zu erblicken glaubte“. Wilhelm ist sich der Grenzerfahrung bewusst, wenn die Ordnung des Kosmos, die ungeheure Erhabenheit der Sterne ihn mit der ethischen Frage konfrontiert, wie er selbst sich zur Gesetzmäßigkeit von Tag und Stunde verhält. Aber als der Astronom ihn den Jupiter „durch ein vollkommenes Fernrohr in bedeutender Größe“ sehen lässt, ist der Betrachter verstört und irritiert: Die künstlich und technisch herangeholte Größe des Gestirns, „die schärfer gesehene Welt harmonirt nicht mit meinem Innern“, das Instrument hat „keine sittlich günstige Wirkung auf den Menschen“ (WA I.24, S. 183f.). Neugierde und wissenschaftlicher Fortschritt – ihre Problematik verhandelt der *Faust* – müssen, wo es um „eine wohlwollende, wohlthätige Wirkung“ zu tun ist (WA I.24, S. 181), auf den ethischen Kern bezogen bleiben, die zentrifugalen, superlativischen Kräfte müssen „in seinem Innersten, Tiefsten versammelt“ bleiben. Das Instrument des Fernrohrs bietet, ähnlich wie Goethes Brillenskepsis, eine Gefahr der Verschiebung und Täuschung. Daher lehnt Wilhelm den weiteren Blick durchs Fernrohr ab, um in einem zweiten Anlauf tatsächlich eine Art Wunder zu erleben. Als er nach einem kurzen Schlaf vom Astronom für den Aufgang der Venus geweckt wird, ist er höchst erstaunt, am Himmel ein Schauspiel zu sehen, das ihn eben im Traum beschäftigt hat:

> Ich lag sanft, aber tief eingeschlafen, da fand ich mich in den gestrigen Saal versetzt, aber allein. Der grüne Vorhang ging auf, Makariens Sessel bewegte sich hervor, von selbst wie ein belebtes Wesen; er glänzte golden, ihre Kleider schienen priesterlich, ihr Anblick leuchtete sanft; ich war im Begriff mich niederzuwerfen. Wolken entwickelten sich um ihre Füße, steigend hoben sie flügelartig die heilige Gestalt empor, an der Stelle ihres herrlichen Angesichtes sah ich zuletzt, zwischen sich theilendem Gewölk, einen Stern blinken, der immer aufwärts getragen wurde und durch das eröffnete Deckengewölb sich mit dem ganzen Sternhimmel vereinigte, der sich immer zu verbreiten und alles zu umschließen schien. In dem Augenblick wecken Sie mich auf; schlaftrunken taumle ich nach dem Fenster, den Stern noch lebhaft in meinem Auge, und wie ich nun hinblicke – der Morgenstern, von gleicher Schönheit, obschon vielleicht nicht von gleicher strahlender Herrlichkeit, wirklich vor mir! Dieser wirkliche, da droben schwebende Stern setzt sich an die Stelle des geträumten, er zehrt auf was an dem erscheinenden Herrliches war, aber ich schaue doch fort und fort, und Sie schauen ja mit mir was eigentlich vor meinen Augen zugleich mit dem Nebel des Schlafes hätte verschwinden sollen. (WA I.24, S. 185f.)

Der Astronom spricht selbst von einer Apotheose, die umso ‚wunderbarer' wirkt, als er um die kosmische Affinität der alten Dame weiß, die Wilhelm nur intuitiv erfasst hat. Aber anders als der technische Blick an den Himmel ist der Traum ein menschengemäßes Medium der Entrückung, des Aufstiegs in den Himmel; anders als bei Euphorion sind keine übermenschlichen Kräfte im Spiel, – während Makaries Verbindung zum Weltraum an dieser Stelle noch ungeklärt bleibt. Im Verlauf der Erzählung erfährt aber der „Geist- und Sinnforscher" (WA I.24, S. 191) etwas mehr Einblick in „Makariens Eigenheiten", bei denen man von einer Art platonischem Mythos sprechen kann. Aus der Darstellung des keineswegs schwärmerischen, sondern eher ungläubigen Astronomen ist zu entnehmen, dass Makarie „die Verhältnisse unsres Sonnensystems von Anfang an, erst ruhend, sodann sich nach und nach entwickelnd, fernerhin sich immer deutlicher belebend, gründlich eingeboren", ja „daß sie nicht sowohl das ganze Sonnensystem in sich trage, sondern daß sie sich vielmehr geistig als ein integrirender Theil darin bewege" (WA I.24, S. 192).

In einer seiner wohl kühnsten Kompositionen entwirft Goethe hier den Mythos einer superlativischen Entgrenzung, der ‚Verstirnung' einer lebenden Person, die in der Mischung zwischen einer Behinderung –

Makarie wird in einem Rollstuhl geschoben –, Weisheit und fürsorglicher Anteilnahme an allen Verwirrungen ihrer Umgebung zu einem Zentral‚gestirn' des Romans, aber auch des Weltalls wird. Wer immer sich diese Gestalt etwas näher angesehen hat, findet sich in der Versuchung, ihre Außerordentlichkeit superlativisch zu spiegeln – „eine äußerste, höchste Form des religiösen Menschentums",[1] „Goethe entschleiert den tiefsten Glaubensgrund seiner ‚kosmischen' Religion",[2] „höchste Steigerung menschlichen Vermögens".[3] Was im *Faust* als hybride Anmaßung zum Scheitern verurteilt wäre, kann in der undramatischen Welt des Romans, in der Nähe von Märchen und Mythos, zu einer Vision superlativischer Vergeistigung werden. Dem Leser wird indes ein langer Atem abverlangt, denn die Fortsetzung dieser mythischen Makariendarstellung erfolgt erst ganz am Ende, im 15. Kapitel des 3. Bandes. Goethe greift auf die Spiralvorstellungen seines naturwissenschaftlichen Denkens zurück, in einer sehr kühnen Vorstellung: Makarie wandele, so heißt es, „seit ihrer Kindheit um die Sonne, und zwar, wie nun entdeckt ist, in einer Spirale, sich immer mehr vom Mittelpunct entfernend und nach den äußeren Regionen hinkreisend" (WA I.25,1, S. 280). Hier wird ein Zusammenhang sichtbar, der Vergeistigung und Apotheose als ein extrem superlativisches Geschehen beschreibt, das zugleich – anders als der *Faust* – „immerfort dem edelsten Sittlichen gemäß blieb":

[1] Deli Fischer-Hartmann: *Die innere Einheit in Goethes Roman ‚Wilhelm Meisters Wanderjahre oder die Entsagenden'*, Phil. Diss. Freiburg, Prag 1941, S. 101.

[2] Emil Staiger: *Goethe*, Bd. 3: *1814-1832*, Zürich [2]1963, S. 176.

[3] Hans Joachim Schrimpf: *Das Weltbild des späten Goethe*, Stuttgart 1956, S. 319.

> Wenn man annehmen darf, daß die Wesen, in sofern sie körperlich sind, nach dem Centrum, in sofern sie geistig sind, nach der Peripherie streben, so gehört unsere Freundin zu den geistigsten; sie scheint nur geboren um sich von dem Irdischen zu entbinden, um die nächsten und fernsten Räume des Daseins zu durchdringen. Diese Eigenschaft, so herrlich sie ist, ward ihr doch seit den frühsten Jahren als eine schwere Aufgabe verliehen. Sie erinnert sich von Klein auf ihr inneres Selbst als von leuchtendem Wesen durchdrungen, von einem Licht erhellt, welchem sogar das hellste Sonnenlicht nichts anhaben konnte. Oft sah sie zwei Sonnen, eine innere nämlich, und eine außen am Himmel, zwei Monde, wovon der äußere in seiner Größe bei allen Phasen sich gleich blieb, der innere sich immer mehr und mehr verminderte. (WA I.25,1, S. 280f.)

Makarie erscheint als eine völlig unvergleichliche Figur, die wie ein leibhaftiger Elativ alle superlativische Überbietung hinter sich lässt. Sie umfasst das naturwissenschaftliche Denken, den Himmel als einen Ort kosmisch-ethischer Ordnung, die auf alle Gestalten ihrer Umgebung ausgleichend und versöhnlich wirkt. Die Vergeistigung ihres meteorhaften Aufstiegs erscheint als symbolisch-mythische Umsetzung einer Höchststeigerung, die alles schlicht superlativische Überbieten in eine Elativität des Unvergleichlichen (hin)aufhebt.

Damit gewinnt Makarie, jenseits von Naturwissenschaft und Ethik, auch eine poetologische Sonderrolle, wirkt sie doch in der Konfiguration des Romans wie ein ‚Schutzgeist der Familie': „In krankem Verfall des Körpers, in blühender Gesundheit des Geistes, ward sie geschildert, als wenn der Stimme einer unsichtbaren Ursibylle rein göttliche Worte über die menschlichen Dinge ganz einfach auszusprechen vorbehalten wäre" (WA I.24, S. 94f.). Makarie ist Zentrum und Peripherie, Innerstes und Äußerstes, Superlativ und Elativ des Romans, ja, in ihrer außerordentlichen Überlegenheit gewinnt sie etwas vom poetischen Prinzip, wie es Goethe einmal im Dritten Teil von *Dichtung und Wahrheit* beschrieben hat:

> Die wahre Poesie kündet sich dadurch an, daß sie, als ein weltliches Evangelium, durch innere Heiterkeit, durch äußeres Behagen, uns von den irdischen Lasten zu befreien weiß, die auf uns drücken. Wie ein Luftballon hebt sie uns mit dem Ballast der uns anhängt, in höhere Regionen, und läßt die verwirrten Irrgänge der Erde in Vogelperspective vor uns entwickelt daliegen. Die muntersten und die ernstesten Werke haben den gleichen Zweck, durch eine glückliche geistreiche Darstellung so Lust als Schmerz zu mäßigen. (WA I.28, S. 213f.)

Gerade der Naturforscher Goethe musste sich für solche Aufbrüche in einen Raum jenseits des unmittelbar Greifbaren interessieren. Die Welt, die zwischen dem Unerforschlichen und den Urphänomenen zu vermuten ist, ist eine ins Höchste gesteigerte, eine vergeistigte Welt, in gleichsam natürlicher Nachbarschaft zum Superlativischen, ohne doch diese Vorstellung als direkten Besitz in Anspruch zu nehmen. Die Denkfigur des Superlativischen erweist sich immer wieder als offen, als dynamisch, als Prozess und nicht als Ziel einer Steigerung. In den *Heften zur Naturwissenschaft* erschien 1820 ein Aufsatz über den Geologen Karl Wilhelm Nose, der mit folgender Passage endet:

> Unsere Meinung ist: daß es dem Menschen gar wohl gezieme ein Unerforschliches anzunehmen, daß er dagegen aber seinem Forschen keine Gränze zu setzen habe; denn wenn auch die Natur gegen den Menschen im Vortheil steht und ihm manches zu verheimlichen scheint, so steht er wieder gegen sie im Vortheil, daß er, wenn auch nicht durch sie durch, doch über sie hinaus denken kann. Wir sind aber schon weit genug gegen sie vorgedrungen, wenn wir zu den Urphänomenen gelangen, welche wir in ihrer unerforschlichen Herrlichkeit von Angesicht zu Angesicht anschauen und uns sodann wieder rückwärts in die Welt der Erscheinungen wenden, wo das in seiner Einfalt Unbegreifliche sich in tausend und aber tausend mannichfaltigen Erscheinungen bei aller Veränderlichkeit unveränderlich offenbart. (WA II.9, S. 195)

# *11 Dramaturgie: „Faust" als Drama der Superlative*

Ist es nur eine bildungsbürgerliche Trivialität, den *Faust*, diese Nummer 1 in Reclams Universalbibliothek, als Drama der Superlative zu preisen? Eine wilhelminische Anmaßung von Oberlehrern, erfunden zur Schikanierung der Schüler? So dumm es wäre, sich allein auf die Länge dieses Dramas zu beziehen, das mit seinen 12000 Versen etwa noch von Karl Kraus' *Die letzten Tage der Menschheit* übertrumpft werden konnte, so berechtigt, wenngleich naiv, wäre die Frage, ob es wohl ein zweites Werk der Kunst gibt, das einen Entstehungszeitraum von rund 60 Jahren aufweisen kann? Was freilich auch keine sinnvolle Antwort wäre, wenn es um den superlativischen Charakter dieses Werkes gehen soll. Eher schon müsste man ihm erstaunlichen Anspruch zugestehen angesichts einer gespielten Zeit von gut 3000 Jahren, die man zwischen der Helena-Gestalt der Klassischen Walpurgisnacht und dem Tod Lord Byrons, in Gestalt des jungen Euphorion, in der Schlacht von Missolonghi, 1824, ansetzen kann. Rekordverdächtig – wenn es je darauf ankäme – wäre nicht weniger die Reichhaltigkeit der Verssprache, ihrer Metren und Reime, wie auch die der in den Text integrierten literarischen Formen.[1] Des Weiteren käme man in die Nähe der hier verhandelten Superlativperspektive, wenn man den *Faust* als den wohl entscheidenden Steinbruch Goethescher Sprachkunst und ihrer ‚absolutesten Freiheit' heranzieht – freilich wird eine bloß stilistische oder stilkritische Herangehensweise nicht ausreichen. Aber schon Friedrich Theodor Vischer hatte sich in seiner Goethepolemik am Zweiten Teil der Tragödie festgebissen, in der dann auch die Lizenzen und Eigenwilligkeiten, etwa im Superlativgebrauch, sich verdichten. „Nicht länger kann das Ungewisse/ Der ernstesten Erwartung dauern", heißt es in der Laboratorium-Szene (V. 6821f.), hundert Verse später ist von der

[1] Vgl. Schönes Zusammenstellung in FA I.7,2, S. 16-20. Ferner: Markus Ciupke: *Des Geklimpers vielverworrner Töne Rausch. Die metrische Gestaltung in Goethes ‚Faust'*, Göttingen 1994.

„lieblichsten von allen Szenen“ die Rede (V. 6920), aber auch von „schnörkelhaftest[en]“ (V. 6929), dem „bequemsten“ (V. 6935) oder der „grauenvollsten Nacht“ (V. 7011). Wie muss Vischer gelitten haben, ja, wie sehr konnte er sich aus dem Text direkt angesprochen fühlen, wenn er dort las: „Nun wird sich gleich ein Gräulichstes eräugnen“ (V. 5917): Für Vischer lag dieses „Gräulichste“ in den halsbrecherischen Superlativen, die gegen Regel und Maß der Sprache verstießen, wie eben besonders in den Versen, die Faust an Chiron richtet und die der Kritiker aufgespießt hat: „Und sollt *ich* nicht, sehnsüchtigster Gewalt,/ Ins Leben ziehn die einzigste Gestalt?“ (V. 7438f.).

Und doch: Allein eine solche Häufung ungewöhnlicher Formulierungen würde kaum ausreichen, dieses Drama als ein Drama des Superlativs zu charakterisieren. Eine erste Schicht des superlativischen Anspruchs liegt schon in der Stoffgeschichte der Faustfigur; auch wenn Goethe die *Historia von D. Johann Fausten* (1587) erst in einer ihrer späteren Bearbeitungen gelesen hat, – von Anfang an gilt dieser „weitbeschreyte Zauberer“[2] zwar als Doktor der Theologie, aber zugleich als ‚Weltmensch‘, „nandte sich ein D. Medicinae/ ward ein Astrologus vnnd Mathematicus/ vnd zum Glimpff war er ein Artzt“,[3] d. h. „Vermessenheit“[4] und „Vbermuth“[5] demonstrieren die gottlose Überheblichkeit, die in der Tradition des Stoffes unaufhaltsam dem gerechtfertigten Untergang entgegengeht.

Goethe entwickelt in seiner davon erheblich abweichenden Faustfigur diesen Ansatz zu einer wissenschaftskritischen Linie, die das Dilemma des universitären Wissenssystems darlegt. Aber Fausts Komparativ der Überlegenheit: „Zwar bin ich gescheiter als alle die Laffen,/ Doktoren, Magister, Schreiber und Pfaffen“ (*Faust I*, V. 366f.), bleibt nicht im Gestus der Überheblichkeit, wie in der *Historia* (die allerdings auch schon die Melancholie kennt), sondern geht einher mit der Verzweiflung über die Begrenztheit des eigenen Wissens: „Und sehe, daß wir nichts wissen können!/ Das will mir schier das Herz verbrennen“ (V. 364f.).

2 *Historia von D. Johann Fausten*. Text des Druckes von 1587. *Kritische Ausgabe*, hg. von Stephan Füssel und H. J. Kreutzer, Stuttgart 1988, S. 3.

3 Ebd., S. 15.

4 Ebd., S. 5.

5 Ebd., S. 23.

Hier wird die Ausgangsposition für Fausts superlatives Streben formuliert: In der Enge des „hochgewölbten […] gotischen Zimmer[s]“, im „Kerker“ zwischen „Tiergeripp und Totenbein“ (V. 398, V. 415) sucht Faust nach dem Weg ins Freie, unternimmt er jene Serie von Ausbruchsversuchen, die seinen weiteren Weg kennzeichnen. „Vom Himmel fordert er die schönsten Sterne,/ Und von der Erde jede höchste Lust“ (V. 304f.), so charakterisiert ihn zusammenfassend der Teufel im „Prolog im Himmel“. Dabei spielt der Vergleich – als Komparativ! – mit Parallelfiguren des Wissens, von Wagner angefangen, ebenso eine Rolle wie der bedingungslose Wunsch, sich von ihnen abzusetzen und bis hin zum Einsatz der eigenen Heilsgewissheit (im Pakt mit dem Teufel) zu erfahren, zu erkennen, – und hier kommt der Superlativ früh ins Spiel – „was die Welt/ Im Innersten zusammenhält“ (V. 382f.). Faust setzt dafür gleichsam die ‚absoluteste Freiheit‘ seiner Seele ein, – denn im Nachgang zu der Demütigung durch den kraftlos beschworenen Erdgeist, der ihn als ohnmächtigen „Übermensch“ verspottet hat (V. 490), und zu dem Eingeständnis wissenschaftlicher Kapitulation (wie es im *Faust I* dann die Szene „Vor dem Tor“ formuliert), entscheidet sich Faust in den Studierzimmer-Szenen des Ersten Teils, die im *Urfaust* noch fehlen, für den ganzen Einsatz seiner Seele: „Das Drüben kann mich wenig kümmern“ (V. 1660):

> So fluch’ ich allem was die Seele
> Mit Lock- und Gaukelwerk umspannt,
> Und sie in diese Trauerhöhle
> Mit Blend- und Schmeichelkräften bannt! (*Faust I*, V. 1587-1590)

Faust bekundet in seinem Fluch auf Hoffnung, Glauben und Geduld sowie in seinem Angebot, der Moment der Selbstgefälligkeit („Daß ich mir selbst gefallen mag“, *Faust I*, V. 1695) sei für ihn „der letzte Tag“, einen existentiellen Superlativ, das Risiko der Selbstzerstörung. Goethe stattet dieses Versprechen sparsam, aber gleichwohl entschieden, mit einer ‚deadline‘ aus, die nicht überschritten werden kann: Für die mit Mephisto ausgehandelte Erkenntnis und Erfahrung der (hiesigen) Welt gibt er den Anspruch auf eine andere Welt auf. Und in den Versen „Daß ich erkenne was die Welt/ Im Innersten zusammenhält,/ Schau’ alle Wirkenskraft und Samen“ (V. 382-384) ist das doppelte Programm von Erkenntnis und Eros (als alte platonische Konjunktion) beschlossen, das Faust schließlich durch die Welt führt. Es ist ein Programm, das im Wetteinsatz der

Glückseligkeit extrem, superlativisch ist, und am „letzten Tag" eingefordert wird, indem Faust die Formel wiederholt: „Verweile doch! du bist so schön!" (*Faust I*, V. 1700, *Faust II*, V. 11582). Der hundertjährige, erblindete Faust glaubt in dieser Todesstunde die Garantie seines irdischen Wirkens für alle Zeit bezeugen zu können – „Es kann die Spur von meinen Erdetagen/ Nicht in Äonen untergehn" (*Faust II*, V. 11583f.) –, eine, wie wir wissen, große Selbsttäuschung, denn das Geklirr der Spaten hat zuletzt nicht mehr dem von ihm in Auftrag gegebenen Deichbau gegolten, sondern der von Mephisto schon arrangierten Ausschachtung von Fausts Grab. Dessen Ende aber stellt Goethe in das ironische Licht eines ganz ambivalenten Superlativs, der zum einen konjunktivisch „Zum Augenblicke dürft' ich sagen" (V. 11581), zum anderen als „Vorgefühl" zeitlich relativiert wird: „Im Vorgefühl von solchem hohen Glück/ Genieß ich jetzt den höchsten Augenblick" (V. 11585f.).

Eingebunden in diese Architektonik, zwischen dem Versprechen des „letzten Tages" und dem Vorgefühl des „höchsten Augenblicks", vollzieht Faust seine Laufbahn als Erkennender und Begehrender, als superlativisch Strebender, – „daß sein Gefühl hinauf und vorwärts dringt" (*Faust I*, V. 1093). Dieses ideologisch so belastete faustische Streben führt, wie wir wissen, in Schuld und Tod, in die Katastrophe der Gretchentragödie, in den Ruin und Bürgerkrieg des Kaisers, und in die am Ende nicht stabilisierbare Verbindung mit Helena. Goethes Drama ist weit davon entfernt, den Superlativ seines Protagonisten zu bestätigen, vielmehr endet er – das sei für ihn der letzte Tag – in einer von Gewalt und Ausbeutung begleiteten Selbsttäuschung, die den Ehrgeiz des Superlativischen Lügen straft: „Auf strenges Ordnen, raschen Fleiß," so bestätigt es sich der in selbstgefälliger Blindheit Getäuschte am Ende der Szene „Mitternacht": „Erfolgt der allerschönste Preis;/ Daß sich das größte Werk vollende/ Genügt Ein Geist für tausend Hände" (V. 11507-11510).[6]

*Faust* wird somit zum Drama gegen den superlativischen Anspruch, zum Dokument eines Scheiterns, das alles auf die Überbietung setzt. In

[6] Vgl. dazu: Karl Eibl: *Das monumentale Ich. Wege zu Goethes ‚Faust'*, Frankfurt am Main 2000. – Michael Jäger: *Fausts Kolonie. Goethes kritische Phänomenologie der Moderne,* Würzburg 2004.

der Formel „Das Letzte wär das Höchsterrungene" (V. 11562) bestätigt er sich selbst gleichsam eine angemaßte Immunität, die dann einer grausamen Entlarvung unterzogen wird. Das Drama legt dabei früh schon die Chance einer Rettung an, der Herr im „Prolog im Himmel" bereits lässt den der „unbedingte[n] Ruh" (V. 341) entgegenschaffenden Teufel als Schalk „nur frei erscheinen" (V. 336), d. h. am Ende wird Mephisto „seine Wette nur halb gewinnen, und wenn die halbe Schuld auf Faust ruhen bleibt, so tritt das Begnadigungsrecht des alten Herrn sogleich herein, zum heitersten Schluß des Ganzen" (Goethe an Karl Ernst Schubarth, 3. November 1820, WA IV.34, S. 5). Fausts Superlativismus absolutester Freiheit scheitert, aber durch die Fürsprache Gretchens und die Liebe ‚von oben' kann er am Ende doch gerettet werden.

Die Momente eines halbstarken, großsprecherischen Superlativismus hat Goethe von Faust selbst abgezogen und sie auf eine Figur projiziert, die als ironisches und zeitkritisches Spiegelbild fungiert. Schon im Ersten Teil tritt ja der Famulus Wagner als „der trockne Schleicher" (V. 521) auf, als Karikatur von Fausts Ruhelosigkeit, aber auch als bescheidener Gelehrter in seiner offenbaren Beschränktheit: „Zwar weiß ich viel, doch möcht' ich alles wissen" (V. 601). Der Schüler wird getäuscht, indem er statt auf Faust selbst zu treffen von Mephisto gehänselt wird. Sein allzu biederes, Wagner-nahes „Ich wünschte recht gelehrt zu werden" (*Faust I*, V. 1898) verkehrt der Teufel am Ende mit dem biblischen Spruch der Versuchung (V. 2048) in das zerstörerische Moment der angemaßten Superlativität – „Dir wird gewiß einmal bei deiner Gottähnlichkeit bange!" (V. 2050). Damit wird eine Karriere des Wissens angedeutet, deren höchst bedenkliches Ergebnis der Zweite Teil spiegelt. Der ehemalige Schüler kehrt zu Beginn des 2. Aktes in das „hochgewölbte, enge, gotische Zimmer" zurück, „ehemals Faustens, unverändert", wo er zu seinem Erstaunen im alten modrigen Pelz wieder auf – Mephisto trifft, mit dem er nun wegen der damaligen sarkastischen ‚Studienberatung' im Klartext abrechnet: „Ihr hänseltet den guten treuen Jungen" (*Faust II*, V. 6741). Der Baccalaureus hält Mephistos seinerzeitigen Belehrungen einen schonungslosen Spiegel vor, in dem Goethe zugleich das Bild zeitgenössischer Überheblichkeit festhält. „Ganz resolut und wacker seht ihr aus", bescheinigt ihm Mephisto, „Kommt nur nicht absolut nach Haus" (V. 6735f.). Wie mit diesem Stichwort kaum zu übersehen ist, gebärdet sich der grobe (V. 6770) Jüngling als ein etwas ordinärer Fichtianer.

Johann Gottlob Fichte (1762-1814) war durch Vermittlung Goethes dem Kantianer Reinhold an die Universität Jena nachgefolgt und hatte seine idealistische Philosophie der Freiheit und der Tat als eine „StrebungsPhilosophie“ charakterisiert.[7] In seiner *Grundlage der gesammten Wissenschaftslehre* von 1794 arbeitete er die dynamische Kraft der „Thathandlung“ aus, durch die sich das Ich zugleich als das Handelnde *und* als das Produkt der Handlung setzt.[8] Fichte berief sich schon in der Schrift *Ueber den Begriff der Wissenschaftslehre*, die Goethe genau wahrnahm, auf Gretchens Religionsgespräch (aus dem 1790 gedruckten Faust-Fragment Goethes), um einen Beweis der Existenz Gottes für unnötig zu erklären, da schon die moralische Ordnung „das einzig mögliche GlaubensBekenntniß“ sei.[9] Die Verbindungen zwischen Goethes Werk und der idealistischen Philosophie waren denkbar eng, und Goethe sollte seine ironischen Vorbehalte gegenüber Fichte (vgl. an Jacobi, 23. Mai 1794, WA IV.10, S. 162) weiter ausbauen. Beschreibt Fichte in Superlativen des idealistischen Denkens die Vollkommenheit als „das höchste unerreichbare Ziel des Menschen“, als „Vervollkommnung ins unendliche“,[10] so setzt Goethe ihm im Baccalaureus ein ironisches Denkmal. Dessen anmaßendes „Die Welt sie war nicht eh ich sie erschuf“ (*Faust II*, V. 6794) oder „Wenn ich nicht will, so darf kein Teufel sein“ (V. 6791), sind Pointen idealistischer Überheblichkeit, die Goethe in einer Serie von grammatikalischen, aber auch gleichsam philosophisch-hybriden Superlativen ausstellt:

> Anmaßlich find’ ich daß zur schlechtsten Frist
> Man etwas sein will, wo man nichts mehr ist.
> […]
> Hat einer dreißig Jahr vorüber,
> So ist er schon so gut wie tot.
> Am besten wär’s euch zeitig totzuschlagen (V. 6774f., 6787-6789),

ein Ansinnen, das man heute als Alters-Mobbing bezeichnen würde. Aber es kommt noch schlimmer:

[7] Johann Gottlob Fichte: *Fichte. Gesamtausgabe*, hg. von R. Lauth, E. Fuchs, H. Glinitzky, 40 Bde., Stuttgart 1962ff., Bd. II.3, S. 265.

[8] Fichte: *Gesamtausgabe*, a.a.O., Bd. I.2, S. 259.

[9] Fichte: *Gesamtausgabe*, a.a.O., Bd. I.5, S. 354, S. 356f.

[10] Fichte: *Gesamtausgabe*, a.a.O., Bd. I.3, S. 32.

Dies ist der Jugend edelster Beruf!
Die Welt sie war nicht eh ich sie erschuf;
Die Sonne führt' ich aus dem Meer herauf;
Mit mir begann der Mond des Wechsels Lauf;
Da schmückte sich der Tag auf meinen Wegen,
Die Erde grünte, blühte mir entgegen.
Auf meinen Wink, in jener ersten Nacht,
Entfaltete sich aller Sterne Pracht.
Wer, außer mir, entband euch aller Schranken
Philisterhaft einklemmender Gedanken?
Ich aber frei, wie mir's im Geiste spricht,
Verfolge froh mein innerliches Licht,
Und wandle rasch, im eigensten Entzücken,
Das Helle vor mir, Finsternis im Rücken. (V. 6793-6806)

Hier artikuliert sich ein renitenter, egoistischer Superlativismus, der als ideologiekritische Warnung verstanden werden kann. Der Baccalaureus erweist sich als ein anmaßender junger Miniaturfaust, der glaubt, ins Licht zu stürmen und die Finsternis schon im Rücken zu haben. Faust selbst war vorsichtiger, – in seinem Monolog zu Beginn des Zweiten Teils hieß es „So bleibe denn die Sonne mir im Rücken!" (V. 4715), als es darum ging, nach der Gretchen-Tragödie, statt sich blenden zu lassen mit dem „farbigen Abglanz" Vorlieb zu nehmen (V. 4727). Beide Superlativhelden indes, wohl auch der Baccalaureus, stürmen ihrer eigenen Blindheit entgegen – im Falle Fausts wird es dennoch eine Erlösung geben, *sein* Superlativismus erweist sich nicht als Sackgasse, freilich nicht aus eigener Kraft.

# 12 *Nachahmung: Echos des Goetheschen Superlativs*

Wenn Friedrich Theodor Vischer in bewährter Humorlosigkeit den Exzess der Goetheschen Superlative gegeißelt hat, so ist davon auszugehen, dass auch der dem Dichter nahestehende Kreis diese Eigentümlichkeit seiner Sprache wahrgenommen – und gespiegelt oder gar reproduziert hat. Dass es allerdings zu keiner komplexeren Fortführung von Goethes Denkfigur des Superlativs gekommen ist, kann nicht überraschen. Immer wieder ist er nur als stilistische Praxis attackiert worden, selbst Nietzsche, dem man es vielleicht am ehesten hätte zutrauen sollen, dass er noch eine andere Dimension hätte wahrnehmen können, macht beim Superlativ-Bashing mit.

Ein von echter Ehrfurcht geprägtes Dokument ist der Brief von Karl August Varnhagen von Ense, in dem der Zweiunddreißigjährige über seinen ersten Besuch bei Goethe im November 1817 berichtet. Was in Goethes Tagebuch (vom 19. November) recht sachlich vermerkt wird – „Abends Varnhagen von Ense. Blieb zu Tische. Spät mit August allein, über Öffentliches und Besonderes" (WA III.6, S. 137) –, nimmt sich im Rückblick des so viel Jüngeren natürlich euphorischer, und gleichzeitig goethisch-stilisierter aus:

> Ich blieb auf Goethes wiederholtes Anmahnen den ganzen Abend bei ihm, bis Mitternacht sogar; sein Sohn und dessen neuvermählte Gattin waren die einzigen Mitgenossen eines Teils dieser Stunden. Schwer würde ich einige besondere Sprüche aus dem lebensreichen Ganzen aussondern! die festesten, kräftigsten Äußerungen, die feinsten, erfreulichsten Wendungen voll Gestalt im Hervorkommen, zerflossen mir unter den Händen, wenn ich sie dem Gedächtnisse zum Behalten und Überliefern einprägen wollte. (GG III/1, S. 35)

Im Fall Eckermanns, dem man für die letzten Lebensjahre Goethes den vermutlich engsten Kontakt zusprechen wird, spielt der Superlativ gerade auch da eine Rolle, wo er nicht den Dichter selbst protokolliert (was ohnehin ein produktives Verfahren von eigener Sorte gewesen ist, wie man aus den Beobachtungen Christoph Michels in der Frankfurter Ausgabe weiß), sondern eben auch da, wo Eckermann in gleichsam eigener Stimme spricht – allerdings in einer Anpassung an den Goetheschen Duktus, die unverkennbar etwas Übernommenes verspüren lässt. Eckermann versucht, die so unterschiedlichen Reaktionen zu erklären, die zwischen Goethes Großzügigkeit einerseits und seiner Verletzlichkeit andererseits bestehen, wenn es um Kritik am poetischen Werk oder der *Farbenlehre* geht. Man müsse bedenken, so Eckermann,

> daß ihm, als Poet, von außen her die völligste Genugtuung zu Teil ward, während er bei der Farbenlehre, diesem größten und schwierigsten aller seiner Werke, nichts als Tadel und Mißbilligung zu erfahren hatte. Ein halbes Leben hindurch tönte ihm der unverständigste Widerspruch von allen Seiten entgegen [...]. (FA II.12, S. 320)

Dass der Superlativ in manierierter Dosierung und Pointierung natürlich satirisch eingesetzt werden kann, das hatte Goethe vor seinen Bewunderern wie Kritikern schon selbst erprobt, auch im *Faust*, wo vor allem im 2. Teil eine Reihe superlativistischer Figuren auftreten.

Ein veritabler Stilist wie Thomas Mann hat sich den Anspruch auf die Goethenachfolge im 20. Jahrhundert unter anderem dadurch zu sichern versucht, dass er in deutlich erkennbarer Aufmerksamkeit seinen Lesern die komischen Potentiale des Superlativ-Gebrauchs vor Augen stellte. Der als Sprachkunstwerk vielfach überspitzte Goetheroman *Lotte in Weimar* von 1939 wartet mit Wendungen wie „die behütetste Gelegenheit" oder „das gefühlteste Vergnügen" auf, die dokumentieren, dass hier einer seinen Goethe gut gelesen hatte – und zugleich die Antenne besaß, die Eigentümlichkeiten dieser Sprache witzig für das 20. Jahrhundert aufzubereiten.[1] Diese Linie hat Thomas Mann besonders raffiniert weiterverfolgt, als es darum ging, einerseits die Memoiren-Literatur und sogar *Dichtung und Wahrheit* fortzuschreiben, sie aber andererseits mit der Figur eines Hochstaplers zu verknüpfen. Natürlich musste sein Felix Krull von Berufs wegen eine unmittelbare Affinität zu allem Superlativischen, zu Übertreibung und Durchtriebenheit

[1] Thomas Mann: *Werke*, 13 Bde., Frankfurt am Main 1974, Bd. II, S. 515 und S. 567.

unterhalten.[2] In diesem Roman ist dann von der „gelesensten Zeitung“ und den „erdenklichsten Käsesorten“ die Rede, aber auch von der „dienstlich gebotensten Aufmerksamkeit“.[3] Freilich war schon im *Zauberberg* ein Kapitel mit der Überschrift „Fragwürdigstes“ versehen,[4] und im *Doktor Faustus* geht dann nicht Weniges von dieser Stilistik in die Betulichkeit des Serenus Zeitblom über, mit „eiligst“, „ernstlichster Dankbarkeit“,[5] oder „in ernstest-freundlicher Gestalt“.[6] Der Plauderton der *Entstehung des Doktor Faustus* gerät dann schon außerhalb einer Figurenironie in ein nahezu eckermännisches Fahrwasser, wenn eine Taufe „in den verständig-menschlichsten Formen“ stattfindet,[7] die Lektüre ihn „aufs angelegentlichste“ beschäftigte[8] oder „mit wohligster Anteilnahme“ bei Gottfried Keller „die köstliche Akkuratesse seiner aufs selbständigste an Goethe gebildeten Sprache“ festgestellt wurde.[9]

Vermutlich zunächst unabhängig von jeder Goetheparodie wie -euphorie, und in einer wohl einmaligen Komplexität findet sich der Umgang mit dem Superlativ bei Thomas Bernhard. Auch im Werk dieses großen österreichischen Schriftstellers handelt es sich – ganz anders als bei Thomas Mann – nicht nur um eine stilistische Blüte, sondern um ein ganzes Feld. Zwar sind seine Texte gespickt mit provozierenden Extrembehauptungen – „der Sport, dieses beliebteste Alibi für die vollkommene Sinnlosigkeit des einzelnen Menschen“,[10] „unser aller Existenz ist die schwierigste und auswegloseste gewesen“[11] –, aber in bemerkenswertem Unterschied zu aller Kritik an der Einseitigkeit, Ungenauigkeit und Gewalttätigkeit des Superlativs ist er in der Erzählwelt Bernhards gerade trotz seiner Insistenz auf der Katastrophe ein Medium

2 Mann: *Werke*, a.a.O., Bd. XI, S. 606. Vgl. dazu die Beobachtungen von Thomas Sprecher: *Felix Krull und Goethe. Thomas Manns ‚Bekenntnisse‘ als Parodie auf ‚Dichtung und Wahrheit‘*, Frankfurt am Main 1985, S. 69f., S. 249.

3 Mann: *Werke*, a.a.O., Bd. VII, S. 338, S. 308, S. 476.

4 Mann: *Werke*, a.a.O., Bd. III, S. 907.

5 Mann: *Werke*, a.a.O., Bd. VI, S. 552.

6 Ebd., S. 561.

7 Mann: *Werke*, a.a.O., Bd. XI, S. 215.

8 Ebd., S. 237.

9 Ebd., S. 268.

10 Thomas Bernhard: *Der Keller. Eine Entziehung*, Salzburg [2]1999, S. 58.

11 Ebd., S. 61.

der Ironie und sogar des Humors. Über das Stilistische hinaus ist der Superlativ aber auch Spiegel einer existentiellen Extremsituation, in der gleichsam immer schon die „schlimmst mögliche" Wendung (Dürrenmatt) eingetreten ist, sodass die Bernhardschen Erzählanordnungen und Plots sich wie die narrative Ausgestaltung eines letalen Superlativs anlassen, etwa wenn es in *Der Untergeher* über Wertheimer heißt: „Theoretisch ist er einer der größten Klaviervirtuosen der Welt geworden, einer der allerberühmtesten Künstler überhaupt, (wenn auch nicht ein solcher wie Glenn Gould!), praktisch hat er auf dem Klavier nichts erreicht, dachte ich, und ist auf die erbärmlichste Weise in seine sogenannten Geisteswissenschaften hinein geflohen".[12] Zusätzlich zu dieser narrativen Ausgestaltung des Superlativs als einer Extremform, die in der Wiederholung und Insistenz des Katastrophalen ins bissig Humoristische umschlagen kann, spielt der Superlativ auf einer Metaebene der Texte eine weitere Rolle: Thomas Bernhards Erzähler praktizieren und dramatisieren diese Steigerungsform nicht nur, sie reflektieren sie überdies auf eine wiederum ironisch superlativische Weise: „Wenn wir unsere Übertreibungskunst nicht hätten", heißt es im letzten Roman *Auslöschung*,

> wären wir zu einem entsetzlich langweiligen Leben verurteilt, zu einer gar nicht mehr existierenswerten Existenz. Und ich habe meine Übertreibungskunst in eine unglaubliche Höhe entwickelt, hatte ich zu Gambetti gesagt. Um etwas begreiflich zu machen, müssen wir übertreiben, habe ich zu ihm gesagt, nur die Übertreibung macht anschaulich, auch die Gefahr, daß wir zum Narren erklärt werden, stört uns in höherem Alter nicht mehr.[13]

Und viele hundert Seiten später steigert sich diese Selbstwahrnehmung in erstaunlich uneitler und unstrittiger Weise ins Maßlose, erkennbar Absurde, das wieder in die eigene Selbstaufhebung und ein befreiendes Lachen münden kann:

[12] Thomas Bernhard: *Der Untergeher*, Frankfurt am Main 1986, S. 163.

[13] Thomas Bernhard: *Auslöschung. Ein Zerfall*, Frankfurt am Main 1996, S. 128f.

> Meine Übertreibungskunst habe ich so weit geschult, daß ich mich ohne weiteres den größten Übertreibungskünstler, der mir bekannt ist, nennen kann. Ich kenne keinen anderen. […] Aber auch dieser Satz ist natürlich wieder eine Übertreibung, denke ich jetzt, während ich ihn aufschreibe […], wobei es ja auch vorkommen kann, daß die eigentliche Übertreibungskunst darin besteht, alles zu *unter*treiben.[14]

Das Raffinement eines solchen Umschlagens von einem ins andere Extrem liegt in der Fragilität von Verriss und Lob, weshalb die seitenlange Abkanzelung Goethes auch als Anerkennung gelesen werden kann – wenn er in überschießender Komik als „philosophischer Kleinbürger" und „Lebensopportunist" diffamiert wird, der „Totengräber des deutschen Geistes".[15] Gerade vor dem Hintergrund der Geißelung der Goetheschen Übertreibungskunst in der ‚absolutesten Freiheit' seiner Superlative nimmt sich Bernhards Verdikt wie eine geschickte Verteidigung Goethes aus.

In die Zeit der Arbeit an der *Auslöschung* fällt die für das Goethejubiläum 1982 geschriebene Erzählung *Goethe schtirbt*, in der vom dringenden Wunsch des „allergrößten" Dichters in seinen letzten Lebenstagen die Rede ist, den (1889 geborenen) Philosophen Ludwig Wittgenstein nach Weimar einzuladen.[16] Die Absurdität dieser Konstellation nutzt Bernhard zu einer virtuosen Goethe-Überbietung, für den dieser Gedanke an Wittgenstein, „den Verehrungswürdigsten",[17] der glücklichste unter seinen glücklichsten Gedanken gewesen sein soll.[18] Wittgenstein sei für Goethe „auf einmal der wichtigste Mensch", „von allen der größte", „der und das Höchste".[19] Dieser sehr Thomas Bernhard'sche Goethe, der von sich sagen kann: „ich bin der Vernichter des Deutschen!",[20] wird zu einer Art ironischen Stellvertreterfigur, denn seine Nähe zu Thomas Bernhard kommt auch dadurch zum Ausdruck, dass die Einladung allein an Wittgenstein ergeht, weil Schopenhauer und

14 Ebd., S. 611f.

15 Ebd., S. 575, S. 577.

16 Thomas Bernhard: *Goethe schtirbt*, in: Ders.: *Gesammelte Erzählungen*, Frankfurt am Main 2010, S. 5-29.

17 Ebd., S. 9.

18 Ebd., S. 11.

19 Ebd., S. 16, S. 17, S. 22.

20 Ebd., S. 27.

Stifter nicht mehr leben.[21] Durch diese Auswahl intertextueller Kronzeugen, die schon biographisch allein auf das Konto von Thomas Bernhard gehen, stiftet er eine ironische Verbrüderung mit Goethe, die in einem Gewitter an Superlativen gefeiert wird.

Dass ein sogar philosophisch bedachtsamer, ja skeptischer Umgang mit dem Vergleichen – wie dann erst dem Superlativ – widersprüchlich ausfallen kann, zeigt Hans-Georg Gadamers Vorbehalt in seinem Hauptwerk *Wahrheit und Methode* von 1961. Unter Berufung auf Hegels schneidende Abrechnung mit dem Vergleich, „gleich ist nicht ungleich, und ungleich ist nicht gleich“,[22] erklärt er das Vergleichen für ein in den Geisteswissenschaften „untergeordnetes Hilfsmittel“, das „zu zentraler Bedeutung [...] emporgesteigert“ werde, „die oft nur oberflächlicher und unverbindlicher Reflexion eine falsche Legitimierung verschafft“.[23] Gleichwohl greift Gadamer auf einen quasi-goetheschen Superlativ, jenseits der Lizenzen des Duden, zurück, gerade wenn es darum geht, den von Schleiermacher entlehnten und von Heidegger weitergedachten hermeneutischen Zirkel zu differenzieren: „Der Zirkel von Ganzem und Teil wird im vollendeten Verstehen nicht zur Auflösung gebracht, sondern im Gegenteil am eigentlichsten vollzogen“.[24] Jahre später, als er mit dem Sigmund Freud-Preis der Deutschen Akademie für Sprache und Dichtung ausgezeichnet wurde, das war im Oktober 1979, hielt Gadamer eine Dankesrede, die mit dem Titel *Gutes Deutsch* veröffentlicht wurde und in der er sich auf den „Geist der Schwerelosigkeit“ berief, den er in der Prosa Goethes fand.[25] „Die Kühnsten von allen sind die Dichter“, so Gadamers Einblick, der sich besonders auf die Ermutigung richtet, das Beengende der Sprachregeln, der Grammatik, der vorgestanzten Redensarten zu zerbrechen: „Wer hat nicht den Kampf gegen den Duden [...] ungezählte Male verloren – sofern er nicht weise genug war, ihn gar

[21] Ebd., S. 17.

[22] Georg Wilhelm Friedrich Hegel: *Wissenschaft der Logik*, hg. von Georg Lasson, Bd. 2, Hamburg 1975, S. 36.

[23] Hans-Georg Gadamer: *Wahrheit und Methode. Grundzüge einer philosophischen Hermeneutik*, Tübingen $^4$1975, S. 220.

[24] Ebd., S. 277.

[25] Hans-Georg Gadamer: *Gutes Deutsch*, in: Ders.: *Lob der Theorie. Reden und Aufsätze*, Frankfurt am Main 1983, S. 164-173, hier S. 172.

nicht erst zu wagen".[26] Die ‚absoluteste Freiheit' Goethes wird sich nicht naiv empfehlen können, sie lässt sich auch nicht ohne Preis nachahmen, – aber sie kann jenseits der gesteckten Grenzen Horizonte sichtbar machen und Landschaften erschließen, die es zu betreten lohnt.

[26] Ebd., S. 165.

# Bibliographie

Bartl, Andrea: *Goethe und die „Unzulänglichkeit der Sprache“*, in: Dies.: *Im Anfang war der Zweifel. Zur Sprachskepsis in der deutschen Literatur um 1800*, Tübingen 2005, S. 101-183.

Bernhard, Thomas: *Der Untergeher*, Frankfurt am Main 1986.

Bernhard, Thomas: *Auslöschung. Ein Zerfall*, Frankfurt am Main 1996.

Bernhard, Thomas: *Der Keller. Eine Entziehung*, Salzburg [2]1999.

Bernhard, Thomas: *Goethe schtirbt*, in: Ders.: *Gesammelte Erzählungen*, Frankfurt am Main 2010.

Böhme, Hartmut: *Natur und Figur. Goethe im Kontext*, München 2016.

Boisserée, Sulpiz: *Briefwechsel/Tagebücher*, 2 Bde., Faksimile nach der 1. Aufl. von 1862, Göttingen 1970, Bd. 2.

Bollacher, Martin: *Der junge Goethe und Spinoza. Studien zur Geschichte des Spinozismus in der Epoche des Sturm und Drang*, Tübingen 1969.

Borges, Jorge Luis: *Werke*, 20 Bde., hg. von Gisbert Haefs und Fritz Arnold, Bd. 18: *Persönliche Bibliothek*, Frankfurt am Main 1995.

Bosse, Anke: *Meine Schatzkammer füllt sich täglich... Die Nachlaßstücke zu Goethes ‚West-östlichem Divan‘*, Dokumentation, Kommentar, 2 Bde., Göttingen 1999, Bd. 2.

Boucke, Ewald A.: *Wort und und Bedeutung in Goethes Sprache*, Berlin 1901.

Boyle, Nicholas: *Goethe. Der Dichter in seiner Zeit*, Bd. II: *1790-1803*, München 1999.

Breidbach, Olaf: *Goethes Naturverständnis*, München 2011.

Canetti, Elias: *Die Provinz des Menschen. Aufzeichnungen 1942-1972*, Frankfurt am Main 1976.

Cicero: *de officiis / Vom pflichtgemäßen Handeln*, Lateinisch/Deutsch, übersetzt und hg. von Heinz Gunermann, Stuttgart 1978.

Ciupke, Markus: *Des Geklimpers vielverworrner Töne Rausch. Die metrische Gestaltung in Goethes ‚Faust‘*, Göttingen 1994.

*Duden. Die deutsche Rechtschreibung*, Mannheim [24]2006.

Eggers, Hans: *Deutsche Sprachgeschichte*, Bd. 2: *Das Frühneuhochdeutsche und das Neuhochdeutsche*, Hamburg 1986.

Eibl, Karl: *Das monumentale Ich. Wege zu Goethes ‚Faust‘*, Frankfurt am Main 2000.

Enders, Alexander: *Nominalsätze. Ihre Strukturen und Funktionen in den Romanen Goethes*, Berlin 2010.

Fichte, Johann Gottlob: *Fichte. Gesamtausgabe*, 40 Bde., hg. von R. Lauth, E. Fuchs, H. Glinitzky, Stuttgart 1962ff., Bd. I.2, Bd. I.3, Bd. I.5, Bd. II.3.

Fiertz, Jürg: *Goethes Portraitierungskunst in ‚Dichtung und Wahrheit'*, Diss. Frauenfeld 1945.

Figal, Günter: *Sokrates*, München ³2006.

Fischer, Paul: *Goethe-Wortschatz*, Leipzig 1929.

Fischer-Hartmann, Deli: *Die innere Einheit in Goethes Roman ‚Wilhelm Meisters Wanderjahre oder die Entsagenden'*, Phil. Diss. Freiburg, Prag 1941.

Fläming, Walter: *Grammatik des Deutschen. Einführung in Struktur- und Werkzusammenhänge*, Berlin 1991.

Frühwald, Wolfgang: *Das Talent, Deutsch zu schreiben. Über die Sprache Goethes*, in: Ders.: *Das Talent, Deutsch zu schreiben. Goethe – Schiller – Thomas Mann*, Köln 2005, S. 43-94.

Gadamer, Hans-Georg: *Wahrheit und Methode. Grundzüge einer philosophischen Hermeneutik*, Tübingen ⁴1975.

Gadamer, Hans-Georg: *Gutes Deutsch*, in: Ders.: *Lob der Theorie. Reden und Aufsätze*, Frankfurt am Main 1983, S. 164-173.

Goethe, Johann Wolfgang: *Goethes Werke*, Weimarer Ausgabe, 143 Bde., hg. im Auftrag der Großherzogin Sophie von Sachsen, Weimar 1887-1919.

Goethe, Johann Wolfgang: *Ein Notizheft Goethes von 1788*, hg. von Liselotte Blumenthal, Weimar 1965.

Goethe, Johann Wolfgang: *Maximen und Reflexionen*. Text der Ausgabe von 1907 mit den Erläuterungen und der Einleitung Max Heckers, Nachwort Isabella Kuhn, Frankfurt am Main 1976.

Goethe, Johann Wolfgang: *Johann Wolfgang Goethe, Sämtliche Werke, Briefe, Tagebücher und Gespräche*, Frankfurter Ausgabe, 40 Bde., hg. von F. Apel u.a., Frankfurt am Main 1985-2013.

Goethe, Johann Wolfgang: *Goethes Gespräche. Eine Sammlung zeitgenössischer Berichte aus seinem Umgang*. Auf Grund der Ausgabe des Nachlasses von Flodoard Freiherrn von Biedermann ergänzt und hg. von Wolfgang Herwig, München 1998.

Goethe, Johann Wolfgang: *J.W. Goethe, Sämtliche Werke nach Epochen seines Schaffens*, Münchner Ausgabe, hg. von Karl Richter, München, Wien 1998.

*Goethe-Wörterbuch*, hg. von der Akademie der Wissenschaften der DDR, der Akademie der Wissenschaften in Göttingen und der Heidelberger Akademie der Wissenschaften, Stuttgart, Berlin, Köln, Mainz 1978, Bd. I.

Gött, Emil: *Gesammelte Werke*, 3 Bde., hg. von Roman Woerner, München ²1917, Bd. 1.

Gottsched, Johann Christoph: *Vollständigere und Neuerläuterte Deutsche Sprachkunst. Nach den Mustern der besten Schriftsteller des vorigen und itzigen Jahrhunderts abgefasst*, Nachdruck Hildesheim, New York 1970.

Hatakeyama, Hiroshi: *Der Superlativ als Formprinzip in Hölderlins späten Gedichten*, in: *Neue Beiträge zur Germanistik*, Bd. 5, H. 4 (2006), S. 222-235.

Hegel, Georg Wilhelm Friedrich: *Phänomenologie des Geistes*, hg. von J. Hoffmeister, Hamburg 1952.

Hegel, Georg Wilhelm Friedrich: *Wissenschaft der Logik*, hg. von Georg Lasson, Hamburg 1975, Bd. 2.

*Historia von D. Johann Fausten.* Text des Druckes von 1587. *Kritische Ausgabe*, hg. von Stephan Füssel und H. J. Kreutzer, Stuttgart 1988.

Hölderlin, Friedrich: *Sokrates und Alcibiades*, in: Ders.: *Sämtliche Gedichte*, hg. von Jochen Schmidt, Frankfurt am Main 2005, S. 205.

Jäger, Michael: *Fausts Kolonie. Goethes kritische Phänomenologie der Moderne,* Würzburg 2004.

Jünger, Friedrich Georg: *Über das Komische*, Frankfurt am Main [3]1948.

Kemper, Hans-Georg und Hans Schneider (Hgg.): *Goethe und der Pietismus*, Tübingen 2001.

Klemperer, Victor: *Der Fluch des Superlativs*, in: Ders.: *LTI. Notizen eines Philologen*, Leipzig 1996, S. 273-284.

Knauth, Paul: *Von Goethes Sprache und Stil im Alter*, Diss. Universität Leipzig 1894.

Kühlerwein, Wilhelm: *Präfixstudien zu Goethe*, in: *Zeitschrift für deutsche Wortforschung* 6 (1904), Beiheft, S. 1-36.

Langen, August: *Der Wortschatz des deutschen Pietismus*, Tübingen [2]1968.

Leinfellner-Rupertsberger, Elisabeth: *Fritz Mauthner*, in: *Sprachphilosophie*, hg. von Hugo Steger und Herbert E. Wiegand, Berlin, New York 1992, S. 495-509.

Lepper, Marcel: *Goethes Euphrat. Philologie und Politik im ‚West-östlichen Divan'*, Göttingen 2016.

Lewy, Ernst: *Zur Sprache des alten Goethe. Ein Versuch über die Sprache des Einzelnen*, wieder in: Ders.: *Kleine Schriften*, Berlin 1961, S. 91-105.

Lichtenberg, Georg Christoph: *Schriften und Briefe*, hg. von Wolfgang Promies, Bd. 1: *Sudelbücher I*, München 1968.

Mandrescu, Simion C.: *Goethes Relativsatz*, Berlin 1903.

Mann, Thomas: *Werke*, 13 Bde., Frankfurt am Main 1974, Bd. II, Bd. III, Bd. VI, Bd. VII, Bd. XI.

Mattausch, Josef: *Untersuchungen zur Wortstellung in der Prosa des jungen Goethe*, Berlin 1965.

Mattausch, Josef: *Die Sprachwelt Goethes – Repräsentanz und Schöpfertum. Beobachtungen an einem Autorenwörterbuch*, in: *Beiträge zur Erforschung der deutschen Sprache* 2 (1982), S. 218-230.

Mattausch, Josef: *Freie Wortbildung(en) bei Goethe*, in: *Nominationsforschung im Deutschen. Festschrift Wolfgang Fleischer*, hg. von Irmhild Barz und Marianne Schröder, Frankfurt am Main 1997, S. 43-51.

Mattausch, Josef: *Sprache*, in: *Goethe-Handbuch*, hg. von B. Witte u.a., Bd. 4/2, hg. von H. D. Dahnke und Regine Otto, Stuttgart, Weimar 1998, S. 1003-1005.

Matthes, Elisabeth: *Der Gebrauch des Partizips bei Goethe*, Diss. Gießen 1921.

Maurer, Friedrich: *Die Sprache Goethes im Rahmen seiner menschlichen und künstlerischen Entwicklung*, Erlangen 1932.

Mauthner, Fritz: *Wörterbuch der Philosophie. Neue Beiträge zu einer Kritik der Sprache*, 2. vermehrte Aufl., Bd. 2: *Gott bis Quietiv*, Leipzig 1924.

Mayer, Mathias: *Idealismus*, in: *Faust-Handbuch. Konstellationen, Diskurse, Medien*, hg. von Carsten Rohde, Thorsten Valk, Mathias Mayer, Stuttgart 2018, S. 210-218.

Nietzsche, Friedrich: *Werke, Kritische Studienausgabe*, 15 Bde., hg. von G. Colli und M. Montinari, München 1988, Bd. 2, Bd. 8.

Nordau, Max: *Superlativismus*, in: *Pester Lloyd*, 25. 6. 1911, S. 1-3.

Platon: *Sämtliche Werke*, 6 Bde., in der Übersetzung von Friedrich Schleiermacher, hg. von Walter F. Otto, E. Grassi, G. Plamböck, Hamburg 1974, Bd. 1, Bd. 3.

Pniower, Otto: *Steigerungen von Adjektiven und Adverbien bei Goethe*, in: *Euphorion* 30 (1929), S. 189-199.

Rückert, Friedrich: *Grammatische Deutschheit*, in Ders.: *Gedichte*, hg. von Walter Schmitz, Stuttgart 1988, S. 100.

Schäfer, Gerd: *König der Könige – Lied der Lieder. Studien zum paronomastischen Intensitätsgenitiv*, Heidelberger Akademie der Wissenschaften 1974.

Schlaffer, Hannelore: *Das Glück der größten Zahl*, in: *Strategien der Verdummung. Infantilisierung in der Fun-Gesellschaft*, hg. von Jürgen Wertheimer und Peter V. Zima, München 2002, S. 139-149.

Schneider, Wilhelm: *Stilistische deutsche Grammatik*, Freiburg i.Br. 1959.

Schrimpf, Hans Joachim: *Das Weltbild des späten Goethe*, Stuttgart 1956.

Simon, Josef: *Goethes Sprachansicht*, in: *Jahrbuch FDH* (1990), S. 1-27.

Spitzer, Leo: *Steigerungen von Adjektiven und Adverbien bei Goethe*, in: *Germanisch-romanische Monatsschrift* 18 (1930), S. 308f.

Sprecher, Thomas: *Felix Krull und Goethe. Thomas Manns ‚Bekenntnisse' als Parodie auf ‚Dichtung und Wahrheit'*, Frankfurt am Main 1985.

Staiger, Emil: *Goethe*, Bd. 3: *1814-1832*, Zürich ²1963.

Stricker, Stefanie: *Substantivbildung durch Suffixableitung um 1800. Untersucht an Personenbezeichnungen in der Sprache Goethes*, Heidelberg 2000.

Strolz, Walter: *Goethes verdeckte Sprachphilosophie*, in: *Jahrbuch FDH* (1981), S. 1-86.

Throm, Hermann: *Lateinische Grammatik*, Düsseldorf 1978.

Unterberger, Rose: *Die Totalität des Individuellen. Über das Goethe-Wörterbuch*, in: *Jahrbuch für Internationale Germanistik* 17 (1985), S. 147-168.

Vischer, Friedrich: *Göthe's Faust. Neue Beiträge zur Kritik des Gedichts.* Neudruck der Ausgabe 1875, Osnabrück 1969.

Weinrich, Harald: *Textgrammatik der deutschen Sprache*, Hildesheim ⁴2007.

Wilpert, Gero von: *Goethe-Lexikon*, Stuttgart 1998.